CATALOGUE

DES LIVRES

SUR LES LANGUES ORIENTALES;
SUR LA LITTÉRATURE GRECQUE ANCIENNE ET MODERNE;
SUR L'ARCHÉOLOGIE,
L'HISTOIRE DE FRANCE ET DE L'ALGÉRIE;

ET DES MANUSCRITS ANCIENS GRECS ET ORIENTAUX,
DES CHARTES, ETC.

COMPOSANT LA BIBLIOTHÈQUE

DE FEU M. C.-B. HASE

Commandeur de la Légion d'honneur,
Membre de l'Institut (Académie des Inscriptions et Belles-Lettres), membre associé
des académies de Saint-Pétersbourg et de Berlin,
membre de la société Asiatique, président de l'École impériale et spéciale
des langues orientales vivantes,
Conservateur des manuscrits de la Bibliothèque impériale, etc., etc.

*Dont la vente aura lieu le lundi 21 novembre 1864
et jours suivants*

RUE DES BONS-ENFANTS, 28, MAISON SILVESTRE
SALLE N° 2

Par le ministère de Me DELBERGUE-CORMONT,
Commissaire-priseur, rue de Provence, n° 8.

———————

Le libraire chargé de la vente remplira les commissions des personnes
qui ne pourraient y assister.

—————————

PARIS

ADOLPHE LABITTE, LIBRAIRE

5, QUAI MALAQUAIS

PRÈS L'INSTITUT

—

MDCCCLXIV

M. Hase, qui est mort le 21 mars de cette année, et dont la bibliothèque est en vente, était comme grammairien, comme épigraphiste, comme helléniste surtout, un savant qui jouissait aux meilleurs titres d'une réputation européenne et presque sans égale; mais ce n'était point un bibliophile. Il n'aimait pas les livres pour leur date, leur rareté, leur reliure, leurs armoiries; il les aimait parce qu'ils contiennent les trésors de la poésie de tous les âges, l'histoire de l'humanité, les lois de la grammaire et celles du goût. Les livres n'étaient pour lui que des instruments de travail, et certes il s'en est bien servi, il s'en est servi longtemps; et néanmoins ils se trouvent dans le meilleur état de conservation. C'est qu'il avait pour eux ces soins d'ordre et de rangement, de propreté élégante, qui constituent le respect des livres. Et puis, ils lui rappelaient presque tous des souvenirs; dans les uns il

avait fait d'importantes découvertes en histoire, en philologie ; d'autres étaient des hommages qui lui étaient
venus de Saint-Pétersbourg, de Vienne, de Londres.
Les savants de toute l'Europe lui envoyaient leurs
ouvrages, souvent les lui dédiaient ; et de là le grand
nombre de beaux exemplaires, avec des envois, qui
donnent un intérêt particulier aux livres de cette bibliothèque. Ces envois, ces hommages étaient bien dus à
l'homme qui, de notre temps, a réuni, peut-être au plus
haut degré, les mérites d'un érudit allemand, d'un
scholiaste alexandrin et d'un savant français. Sa vie a
été toute littéraire, nullement politique ; aussi sa position a-t-elle été s'améliorant toujours sous les gouver-
nements successifs qui ont régi la France.

M. Charles-Benoît HASE est né le 11 mai 1780,
à Sulza, en Saxe. Son père, qui était pasteur et fort
instruit, l'envoya au gymnase de Weimar et de là à
l'Université d'Iéna. On voulait faire de lui un théolo-
gien, mais à travers des diversions d'études de toute
sorte, dans les sciences philosophiques, dans les langues orientales, il finit par opter pour la philologie
grecque et latine. Bien jeune, il avait les yeux tournés
vers la France ; avec l'âge et surtout quand il eut
perdu son père et sa mère, ce désir qu'excitait l'incer-
titude de son existence et de son avenir finit par l'em-
porter. En 1801, âgé de vingt et un ans, il partit à
pied pour Paris avec une centaine de francs, une gibe-
cière de chasse et pour toute recommandation une
carte de visite, qu'un bibliothécaire allemand l'avait

chargé de remettre à son confrère Millin. Ce savant
et le Grec Coray le reçurent affectueusement et lui
promirent des leçons; mais sa bourse s'était épuisée;
des leçons, il n'en trouvait pas. Le découragement
survint, et notre jeune étranger pensait à se faire sol-
dat, lorsqu'un jour, c'est lui-même qui nous l'ap-
prend [1], il rencontre Youssouf, un des mamelouks du
consul Bonaparte, qu'il salue en arabe. Celui-ci, étonné
et charmé, après quelques explications, eut l'idée de
le mener chez Codrika, interprète de l'ambassade
turque, avec lequel il s'entretint en langue grecque.
Codrika lui donna un mot de recommandation pour
D'Ansse de Villoison. Désormais sa mauvaise fortune
est conjurée. Cet excellent Villoison lui procura de
nobles écolières, la fille du baron de Breteuil, ma-
dame veuve de Condorcet; il lui donna des travaux à
la bibliothèque nationale, des copies de manuscrits à
faire, des collations d'auteurs grecs; il le mit en relation avec des savants français et étrangers, et le pré-
senta au comte de Choiseul-Gouffier, l'ancien ambas-
sadeur de France à Constantinople. Ce protecteur
éclairé des lettres ne tarda pas à reconnaître la valeur
scientifique et les qualités aimables de ce jeune homme;
il l'admit dans sa société, et comme témoignage de son
estime et de sa confiance, le chargea de la publication
des œuvres inédites de Lydus, dont il avait rap-

1. Voyez *la Revue germanique et française* du 1er août 1864,
page 355.

porté l'unique manuscrit, présent du prince Morousi.

Ce fut sous le patronage de ces hommes éminents que le jeune Hase entra dans la carrière des lettres et de la philologie, où il s'est fait une si belle position comme bibliothécaire et comme professeur.

En 1805, il est nommé employé au département des manuscrits grecs de la bibliothèque impériale; en 1812, il est appelé auprès de la reine Hortense pour diriger l'éducation de deux enfants, dont l'un devait être Napoléon III; en 1816, il obtient la chaire de paléographie grecque et de langue grecque moderne à l'École des langues orientales vivantes; en 1824, il est élu membre de l'Académie des inscriptions et belles-lettres; en 1828, il reçoit la croix de chevalier la Légion d'honneur; sous le gouvernement de Louis-Philippe, la croix d'officier, et en 1849 celle de commandeur; en 1830, il est nommé professeur de langue et de littérature allemande à l'École polytechnique; en 1832, il succède à M. Gail, conservateur à la bibliothèque royale; dans la même année, il est admis comme rédacteur au *Journal des Savants;* en 1852, il inaugure à la Faculté des lettres l'enseignement de la grammaire comparée, et il s'y montre le digne émule des Müller et des Bopp.

Voilà, en abrégé, le *cursus honorum* de M. Hase. Ces places, ces honneurs, il a su les mériter par des travaux incessants et fort remarqués, par un enseignement qui a fait faire de notables progrès aux hautes études de philologie grecque. Dès l'année 1810, dans les *Notices et extraits des manuscrits de la bibliothèque impériale,* il commença ses savantes publications. Le tome VIII de cette collection contient trois notices sur les ouvrages de Dracon de Stratonicée, de Léon Diacre, de Manuel Paléologue, qui ont été édités à part sous le titre de : *Recueil de mémoires sur différents manuscrits grecs de la bibliothèque impériale.* 1810, in-4. Dans le tome IX et dans le tome XI, il publia trois pièces satiriques imitées de la Nécromancie de Lucien, et une analyse des textes de l'histoire de la Moldavie. Des articles si remarquables n'étaient que le prélude d'une publication plus importante.

En 1819, M. Hase a fait paraître à l'imprimerie royale, avec le concours des souscriptions de la France et de la Russie, l'histoire, jusqu'alors inédite, de Léon Diacre. Une partie considérable des exemplaires de cette histoire, expédiée pour la Russie, a péri dans la mer Baltique. De là la rareté de ce livre; mais il a été réimprimé dans la collection des auteurs de l'histoire byzantine publiée à Bonn, et il en est un des volumes les plus recherchés. Dans l'année 1820, M. Hase, qui avait accepté avec tant de reconnaissance le legs philologique de M. de Choiseul-Gouffier, publia le Lydus, *de Ostentis,* avec un fragment du *de Mensibus.* C'est un chef-d'œuvre de restitution; toutes les lacunes y sont comblées avec une sûreté de critique merveilleuse. Un autre traité du même Lydus avait été publié par Fuss, en 1812, sous le titre de *de Magistratibus reipublicæ romanæ.* C'est M. Hase qui en a écrit la préface, remarquable par la pureté de la diction latine et par un hommage très-touchant à la mémoire de d'Ansse de Villoison, son bienfaiteur. D'autres ouvrages étaient projetés et en voie de publication, lorsque MM. Didot prièrent M. Hase de se charger, conjointement avec MM. Guillaume et Louis Dindorf, de la nouvelle édition du *Thesaurus linguæ græcæ*, de Henri Estienne. Il y a mis tous ses soins, consacré tout son temps; il en a fait le chef-d'œuvre par excellence de la lexicographie, un monument pour tous les siècles.

N'oublions pas de remarquer, comme un trait de caractère de M. Hase, comme un de ses moyens d'instruction, qu'il aimait les voyages. Vers 1820, il fit un voyage à Venise avec M. Fauriel et quelques autres savants. En 1837, il entreprit un voyage archéologique et littéraire en Grèce, et pendant son séjour à Athènes le roi Othon lui conféra l'ordre du Sauveur; en 1839, il fut envoyé en mission dans l'Afrique septentrionale pour des recherches de géographie et d'histoire, et visita le littoral de l'Algérie et une partie de l'Atlas; plus récemment, en 1859, il alla visiter les champs de bataille de Magenta et de Solférino.

Chaque année, aux vacances, il se donnait le plaisir d'une excursion, soit aux Pyrénées, soit sur les bords du Rhin. C'est à cette vie active et intellectuelle qu'il dut de conserver intactes ses forces du corps et de l'esprit jusqu'à l'extrême vieillesse, prouvant ainsi la vérité de cette phrase de Cicéron : Le génie n'abandonne pas les vieillards, pourvu qu'à leur tour ils n'abandonnent ni leurs études, ni leurs travaux. *Manent ingenia senibus, modo permaneat studium et industria.*

Plus qu'octogénaire, M. Hase disait à un ami qui lui conseillait le repos : *Vita sine litteris mors est.* La veille du jour où nous l'avons perdu, il corrigeait encore des épreuves, et l'on peut dire que la mort l'a surpris debout, à son poste, au champ d'honneur de la science, au milieu de ses livres.

Sa bibliothèque n'est point partie pour l'Allemagne avec le reste de sa succession; elle est restée ici, et les amateurs de beaux et bons livres pourront faire des acquisitions qui seront pour eux de précieux souvenirs d'un maître ou d'un ami, ou bien un hommage à la mémoire d'un savant qui a été et qui restera une des illustrations de l'Institut de France et de la France elle-même.

F. D. D.

Les ouvrages sur lesquels nous appelons plus particulièrement l'attention des amateurs sont :

1. Bible de Cahen. 18 tomes en 10 vol. in-8.
28. Catenæ in novum Testamentum. 8 vol. in-8.
37. 100 mémoires de théologie. Reliés en 9 vol. in-8.
110. Beugnot. Destruction du paganisme. 2 vol. in-8.
112. Vera historia unionis non veræ. 1660, in-fol.
139. De Vogué. Les églises de la Terre Sainte. 1860, in-4.
153. Creuzer et Guigniaut. Religions de l'antiquité.
199. Lajard. Recherches sur le culte de Mithra. 22 livraisons. (Complet.)
229. Laboulaye. Condition civile des femmes. 1843, in-8.
244. Pardessus. Lois maritimes. 6 vol. in-4.

ORDRE DES VACATIONS.

1re	vacation	Lundi	21	Novembre	~~1~~	à	~~209~~
2e	»	Mardi	22	»	~~210~~	à	~~425~~
3e	»	Mercredi	23	»	~~426~~	à	~~613~~
4e	»	Jeudi	24	»	~~614~~	à	~~828~~
5e	»	Vendredi	25	»	~~829~~	à	~~997~~
6e	»	Samedi	26	»	~~998~~	à	~~1196~~
7e	»	Lundi	28	»	~~1197~~	à	~~1404~~
8e	»	Mardi	29	»	~~1405~~	à	~~1615~~
9e	»	Mercredi	30	»	~~1616~~	à	~~1830~~
10e	»	Jeudi	1er	Décembre	~~1831~~	à	~~2068~~
11e	»	Vendredi	2	»	~~2069~~	à	~~2269~~
12e	»	Samedi	3	»	~~2270~~	à	~~2466~~
13e	»	Lundi	5	»	2467	à	2483

Au commencement de la dernière vacation, on vendra en lots
un certain nombre de livres non catalogués.

Il y aura chaque jour de vente, de DEUX heures à QUATRE, exposition des livres composant la vacation du soir.

Les acquéreurs payeront, en sus du prix d'adjudication, cinq centimes par franc, applicables aux frais.

Les articles au-dessous de 10 francs ne seront repris que dans le cas où ils seraient incomplets.

On pourra collationner les livres dans la salle de vente, et dans les vingt-quatre heures qui suivront l'adjudication ; mais une fois enlevés, ils ne seront repris pour aucune cause.

CATALOGUE

DE FEU M. C. B. HASE

MEMBRE DE L'INSTITUT

THÉOLOGIE.

A. ÉCRITURE SAINTE, PHILOLOGIE SACRÉE, LITURGIE.

. La Bible, traduite avec le texte hébreu en regard, par Cahen. *Paris,* 1831, 18 tomes en 10 vol. in-8, d.-r.

2. La Sainte Bible, en français. *Paris,* 1827, gr. in-8, rel.

3. Tischendorf. De Codice Ephraemi Syri prolegomena, *s. a.* In-4, cartonné.

4. Codex Ephraemi Syri rescriptus sive fragmenta utriusque Testamenti, edidit Tischendorf. *Lipsiæ,* 1845, gr. in-4, cart.
   Imprimé en lettres capitales.

5. Notitia editionis Codicis Bibliorum Sinaitici, auspiciis imperatoris Alexandri II susceptæ, edidit Tischendorf. *Lipsiæ,* 1860, gr. in-4, cart.

6. Vetus Testamentum græcum, cum versione latina, curâ Jager. *Parisiis, Didot,* 1839, 2 vol. gr. in-8, d.-rel. maroq.

7. De Pentateuchi versione alexandrina, scripsit Thierschius. *Erlangæ,* 1841, in-8, br.

8. De librorum Samuelis et Regum compositione, scriptoribus, fide hist., etc., auctore Graf. *Argentorati,* 1848, in-4, br.

9. Novum Testamentum, gr. et lat., edidit Goeschen. *Lipsiæ,* 1832, in-8, d.-r.

10. Novum Testamentum, gr. et lat., edidit Tischendorf. *Parisiis, Didot,* 1842, gr. in-8, d. maroq.

11. Novi Testamenti Tischendorfianæ editionis septimæ prolegomena. *Lipsiæ*, 1859, in-8, cart.
Tiré à 30 exemplaires.

12. Épitres de saint Paul, trad. par Mynas et Gérard. *Paris*,
1838, in-8, br.

13. Codex argenteus, sive sacrorum Evangeliorum versionis
gothicæ fragmenta, edidit Uppstromm. *Upsaliæ*, 1854, in-4,
br. rogné.

14. Das heilige Evangelium des Johannes (Syrisch), von Bers-
tein. *Leipzig*, 1853, in-8, cart.

15. Jonas propheta, Syriacè et Æthiopicè. *Parisiis*, 1802,
2 vol. in-18 br.

16. Acta Apostolorum apocrypha, gr. edidit Tischendorf.
Lipsiæ, 1851, in-8, br.

17. Acta SS. Apostolorum Andreæ et Matthiæ, gr. nunc primum edita a C. Thilo. *Halis*, 1846, in-4, br.

18. Nouvelles recherches sur l'époque où fut composé l'évangile de Nicodème, par Alfr. Maury. *Paris*, 1850, in-8, br.

19. Dictionnaire géographique de la Bible, par Barbier du
Bocage. *Paris*, 1834, in-8, d. maroq. r.

20. Anecdota sacra et profana, edidit Tischendorf. *Lipsiæ*,
1855, gr. in-4, cart. et *fac-simile*, 7 planches in-4, d.-r.

21. Classical recreations and Biblical criticism by Barker
(vol. 1). *London*, 1812, in-8, d.-rel.

22. Commentatio de fontibus historiæ V. T. 1830. = Schwe-
bel-Mieg. De prophetarum scholis, 1833. = Thilo. De magis
et stella, 1834, etc. = 8 part. en 1 vol. in-4, d.-rel. maroq.

23. De Israelitarum per mare rubrum transitu, scripsit Tischendorf. *Lipsiæ*, 1847, in-8, br.

24. R. Tanchum Hierosolym. Ad libros V. T. commentarium
arabicum. *Tubingæ*, 1791. = Schelling. De prima malorum
humanorum origine, 1792, etc. = 6 br. in-4.

25. S. P. N. Maximi confessoris de difficilibus variis locis
V. T. librum, edidit OEhler, gr. et lat. *Halis*, 1858, in-8, cart.

26. Cantacuzeni in Canticum canticorum Salomonis expositio,
gr. et lat. *Romæ*, 1624, in-fol. vélin.

26 *bis*. Novus thesaurus Novi Testamenti, edidit Schleusner.
Lipsiæ, 1820, 5 vol. in-8, d. maroq. r.

27. Theodori episcopi in Novum Testamentum commentaria, collegit Fritsche. *Turici*, 1847, in-8, br.

28. Catenæ in Novum Testamentum, gr. ad fid. codd. mss., edidit Cramer. *Oxonii*, 1840-44, 8 vol. in-8, cart.

> Collection importante.

29. Griesebachii symbolæ criticæ ad Novum Testamentum, accedit multorum codicum descriptio et examen. *Halæ*, 1785, 2 vol. in-8, cart.

30. Tischendorf. De recensionibus quas dicunt textus N. T. *Lipsiæ*, 1840, in-8, br. = De evangelio Matthæi, 1840, in-8, br.

31. Codd. mss. græcorum N. T. nova descriptio, auctore Reiche. *Gottingæ*, 1847, in-4, br.

31 *bis*. Biblisch critische reise (Geschichte des textes des N. T.), von Scholz. *Leipsig*, 1823, in-8, r. *Fac-simile*.

32. Commentarius criticus in Novum Testamentum (tom. 1), scripsit Reiche. *Gottingæ*, 1853, in-4, cart.

33. Novum Testamentum, prolegomena scripsit Tischendorf. *Lipsiæ*, 1839, in-8, br.

34. Étude sur le style et le texte du N. T., par Berger de Xivrey. *Paris*, 1856, in-8, br.

35. Catenæ in sancti Pauli epistolas, edidit Cramer. *Oxonii*, 1842, in-8, cart.

36. Disquisitio de lingua lycaonica (Act. Apost.), auctore Jablonski. *Berolini*, 1714, in-4, br. *Rare*.

37. THÉOLOGIE. Recueil de plus de 100 mémoires sur différentes questions de théologie, 9 vol. gros in-8, d.-rel. maroq. r.

38. Gesenius. De Samaritanorum theologia. = Piper. Das St Elmsfeuer, 1851. = Berger de Xivrey. Sur un passage de saint Marc. = Le Blant. D'un argument contre le dogme de la résurrection, 1862 = et d'autres opuscules par Otto, Gesenius, Dubeux, Postansque, etc. = 19 parties in-8 et in-4, br.

39. Les Samaritains de Naplouse, épisode d'un pèlerinage par l'abbé Bargès. *Paris*, 1855, in-8, br.

40. Opuscula theologica, scripsit Henke. *Lipsiæ*, 1802, in-8, d. maroq. v.

41. Silvestre de Sacy. Sur l'ouvrage intitulé : Les Juifs au xixe siècle, 1817. = Sur les nouvelles traductions des Livres saints, 1824. = Sinner. De utilitate studii exegeseos sacræ. *Bernæ*, 1823, etc. = 10 part. en 1 vol. in-8, d.-rel.

42. Sur les cérémonies de l'Église primitive, par Texier. *Paris*, 1859, in-8, br.

43. De collectionibus canonum Ecclesiæ græcæ, scripsit Biener. *Berolini*, 1827, in-8, cart.

44. Gregorii Turonensis liber ineditus de cursu stellarum, sive de cursibus ecclesiasticis, edidit Haase. *Vratislaviæ*, 1853, in-4, br. *Fac-simile.*

45. Essai sur les Neumes, par J. Tardif. *Paris*, 1853, in-8, br.

46. Quelques observations sur le chant grégorien, par Patut de Saint-Vincent. *Paris*, 1856, in-8, br.

47. Sur la tonalité ecclésiastique et la musique du xvᵉ siècle, par Vincent. *Paris*, 1858, in-8, br.

48. De l'épitaphe et des proses du chanoine Adam de Saint-Victor, avec quelques anecdotes, 1832, in-4, br.

49. Léopold Delisle. Des monuments paléographiques concernant l'usage de prier pour les morts, in-8, br.

50. Missel de Juvénal des Ursins, par Ambr.-Firmin Didot. *Paris*, 1861, in-8, br.

51. Curunella ta sittna Maria, V. *Malta*, 1836, in-12, br.
En langue maltaise.

B. SAINTS PÈRES, THÉOLOGIENS, ASCÉTISME.

52. Spicilegium SS. Patrum sæculi post Christum natum i et ii, auctor Grabius. *Oxoniæ*, 1714, 2 vol. in-8, v.

53. Bibliothecæ græcorum patrum auctarium novissimum, gr. et lat., edidit Combefis. *Parisiis*, 1672, in-fol., v. br.

54. Ecclesiæ græcæ monumenta, studio et opera Cotelerii (vol. 2, 3 et 4). *Luletiæ Parisiorum*, 1681-92, 3 vol. in-4, v. f.
Le volume 4ᵉ est rare; il contient les *Analecta græca.*

55. Philonis Judæi opera, gr. et lat. *Coloniæ*, 1613, in-fol. cart.

56. Quæstiones Philoneæ, scripsit Grossmann. *Lipsiæ*, 1829, in-4, br.

57. Epistolæ sanctorum patrum apostolicorum Clementis, Ignatii et Polycarpi, gr. et lat., ed. Frey. *Basileæ*, 1742, petit in-8, vélin.

58. Des livres du pseudo-Denys-l'Aréopagite, par Léon Montet. *Paris*, 1848, in-8, br.

59. Hermæ Pastor, græcè, primum edidit Auger. *Lipsiæ*, 1856, in-12, br.

60. S. Justini martyris opera, gr. et lat., recensuit Otto, præ-

fatus est Baumgarten Crusius. *Ienæ*, 1842-48, 3 t. en 4 vol. in-8, cart.

61. Sancti Justini martyris apologiæ, edidit Braunius. *Bonnæ,* 1830, in-8, br.

62. De epistola ad Diognetum S. Justini martyris commentatio, auctore Otto. *Ienæ*, 1845, in-8, br.

63. Saint Justin, philosophe et martyr, par Aubé. *Paris*, 1861, in-8, br.

64. S. P. N. Gregentii disputatio cum Herbano Judæo. *Lutetiæ*, 1856, petit in-8, vélin.

65. Theophili opera, edidit Th. Otto. *Ienæ*, 1861, in-8, br.

66. Hermiæ philosophi gentilium philosophorum irrisio, gr., edidit Dommerich. *Halæ*, 1764, in-12, v.

67. Examen d'un passage des Stromates de saint Clément d'Alexandrie, par Ed. Dulaurier. *Paris*, 1833, in-8, br.

68. Origenis dialogus contra Marcionitas, gr. et lat., curâ Westenii. *Basileæ*, 1674, in-4, r.

69. Origenis de libertate arbitri doctrina, auctore Maurial. *Monspelii*, 1856, in-8, br.

70. Examen du livre des Philosophumena, par Jallabert. *Paris*, 1853, in-8, br.

71. Eusebii eclogæ propheticæ, gr. nunc primum edidit Gaisford. *Oxonii*, 1842, in-8, cart.

72. Athanasii Alexandrini præcepta ad Antiochum, edidit Dindorfius. *Lipsiæ*, 1857, in-12, br.

73. Ecclesiastes græcus, id est Illustrium Patrum, Basilii magni et Basilii Seleuciæ episcopi tractatus, Combefis edidit. *Parisiis*, 1674, gr. in-8, v.

74. Étude littéraire sur saint Basile, par Fialon. *Paris*, 1861, in-8, br.

75. Theodoreti episcopi operum volumen IV. *Lut. Par.*, 1642, in-fol., v. br.

76. Sancti Cyrilli opera, gr. et lat. edidit J. Prévot. 1640, in-fol., v.

77. Sancti Gregorii Nazianzeni epistolæ et poemata, gr. lat., edente Caillau. *Parisiis*, 1841, in-fol., d.-rel. maroq.

78. Sancti Gregorii Nazianzeni carmina selecta, cura Dronke. *Gottingæ*, 1840, in-8, br.

79. Epiphanii monachi et presbyteri edita et inedita, cura Dressel. *Parisiis*, 1843, in-8, br.

80. Epiphanii, episcopi Constantiæ, opera, gr. *Lipsiæ*, Weigel, 1859, 5 t. en 6 vol., petit in-8, br.

81. Epiphanii librorum apud hæreses procemium, cum præfat. Dindorfii. *Lipsiæ*, 1849, in-8, br.

82. Sancti Joannis Chrysostomi opera, græcè (vol. 8). *Etonæ*, 1612, in-fol., v. br.

83. Sancti Joannis Chrysostomi homiliæ in Matthæum, gr. edidit Field. *Cantabrigiæ*, 1839, 3 vol. in-8, cart.

84. Paul Albert. Saint Jean Chrysostome. *Paris*, 1858, in-8, br. = Jallabert. De epistolis consolatoriis beati Hieronymi. *Parisiis*, 1853, in-8, br.

85. Sancti Joannis Damasceni opera omnia, gr. et lat., edidit Lequien. *Venetiis*, 1748, 2 vol. in-fol., d.-rel. maroq.

86. Sancti Anastasii Sinaitæ Quæstiones et responsiones de variis argumentis, gr. et lat., cura Gretzeri, societatis Jesu. *Ingolstadii*, 1599, in-4, v.

87. De Tertulliano, opusculum scripsit de Margerie. *Aureliæ*, 1855, in-8, br.

88. Étude des morales de saint Grégoire le Grand sur Job, par Fèvre. 1858, in-8, br.

89. De sancti Aviti, Viennæ episcopi, operibus commentarium scripsit Cucheval. *Parisiis*, 1863, in-8, br. = Fèvre. De frequentato à Sanctis Patribus soliloquiorum genere commentatio. *Lutet.*, 1858, in-8, br.

90. Ouvrages inédits d'Abélard pour servir à l'histoire de la philosophie scolastique en France, publiés par V. Cousin. *Paris*, I. R. 1836, gr. in-4, d.-rel.

91. De Petri Abœlardi libro sic et non, auctore Lindenkohld. *Marburgi*, 1851, in-8, br.

92. Essai sur la philosophie de saint Bonaventure, par Amédée de Margerie. *Paris*, 1855, in-8, br.

93. La philosophie de saint Thomas d'Aquin, par Ch. Jourdain. *Paris, Hachette*, 1858, 2 vol. in-8, br.

94. Saint Anselme, par Charma. *Paris*, 1853, in-8, br.

95. De contentionibus Bernardi Saisset, primi Appamiarum episcopi (1269-1300), auctore Combes. *Parisiis*, 1858, in-8, broché.

96. De Joh. Scoti Erigenæ controversia, disseruit Monnier. 1853, in-8, br.

97. Clementinorum epitomæ duæ, cura Dressel. *Lipsiæ*, 1859, in-8, br.

98. De sancti Thomæ Aquinatis sermonibus scripsit Goux.
  Parisiis, 1856, in-8, br.
99. De materia et forma apud sanctum Thomam, scripsit
  Hugonin. *S. Clodoaldi*, 1854, in-8, br.
100. Essai sur les sermons français de Gerson, par l'abbé
  Bourret. *Paris*, 1858, in-8, br.
101. Des prédicateurs du xvii⁰ siècle avant Bossuet, par Jacquinet. *Paris*, 1863, in-8, br.
102. La vie future selon la foi et selon la raison, par Henri
  Martin (2⁰ éd.). *Paris*, 1858, in-12, br.
103. Thesaurus asceticus, sive opuscula XI a patribus græcis
  de re ascetica scripta gr. et lat.; collecta a P. Possino. *Pari-*
  siis, 1684, in-4, v. *Armoiries.*
104. Essai sur les Confessions de saint Augustin, par Arth.
  Desjardins. 1858, in-8, br.
105. Nicolai Cabasilæ, de Vita in Christo libri, gr., nunc primum editi, *s. a.*, in-8, br.
106. Die mistik des Nikolaus Cabasilas vom Leben in Christo,
  von Gass. *Greiffwald*, 1846, in-8, br.
107. Corneille et Gerson dans l'Imitation de J.-C. *Paris*, 1842,
  in-8, br.
108. Pfeiffer. Cultum Spiritui Sancto. = S. Spir. Deitas. = De
  S. Sp. sententia. = Processio S. Sp. a Patre Filioque. =
  Historia dogmatis de Spiritu Sancto, etc. = 6 parties en
  1 vol in-4, br.
109. Disputatio de Christo, pane vitæ, scripsit Tischendorf.
  Lipsiæ, 1839, in-8, br.

C. HISTOIRE DES RELIGIONS.

1. *Christianisme.*

110. Beugnot. Histoire de la destruction du paganisme en
  Occident, par Beugnot. *Paris*, 1835. 2 *tomes* en 1 vol. in-8,
  d.-mar. *Rare.*
111. Histoire de la destruction du paganisme dans l'empire
  d'Orient, par Chastel. *Paris*, 1850, in-8, br.
112. Vera historia unionis non veræ inter Græcos et Latinos,
  sive Concilii Florentini exactissima narratio, gr. scripta per

Sguropulum, c. notis Caroli II, latine vertit Rob Creyghton. *Hagæ Comitis*, 1660, in-fol., v. br.

Volume rare.

113. De originibus et fatis ecclesiæ christianæ in India Orientali, scripsit Hohlenberg. *Hauniæ*, 1822, pet. in-8, cartonné.

114. Nili de primatu papæ Romani, gr. et lat., accessit de igne purgatorio liber. *Lugd. Bat.*, 1595, petit in-8, vélin.

115. Un ouvrage inédit de Gilles de Rome, précepteur de Philippe le Bel, en faveur de la papauté, par Charles Jourdain. *Paris*, 1858, in-8, br.

116. Chronologie historique des papes, des conciles généraux et des conciles des Gaules et de France, par Louis de Mas-Latrie. *Paris*, 1836, in-8, d.-mar.

117. Bertrandy. Recherches historiques sur l'origine, l'élection et le couronnement de Jean XXII. *Paris*, 1854, in-8, br.

118. Mémoire sur les actes d'Innocent III, suivi de l'itinéraire de ce pontife, par Léopold Delisle. *Paris*, 1857, in-8, br.

119. Papst Pius VII, von Hencke. *Marburg*, 1860, in-8, br.

120. Des appels en cour de Rome jusqu'au concile de Sardique en 347, par Ch. Grandmaison. *Paris*, 1853, in-8, br.

121. Alfred Maury. Recherches sur les représentations figurées du pèsement des âmes et des croyances qui s'y rattachaient. 1844, in-8, br., *fig.*

122. Deuxième et troisième mémoires sur les antiquités chrétiennes des catacombes, par Raoul Rochette. *Paris, I. R.*, 1838, 2 vol. in-4, br., *fig.*

123. La question du Vase de sang, par Edm. Le Blant. *Paris*, 1858, in-8, br.

124. Das christliche Museum der Universitat zu Berlin, von Piper. *Berlin*, 1856, in-8, cart.

125. Matériaux pour l'histoire du christianisme en Égypte, en Nubie et en Abyssinie, par Letronne. *Paris, I. R.*, 1832, in-4, br.

Rare. Tiré à 100 exemplaires et non mis dans le commerce.

126. L'école chrétienne de Séville sous la monarchie des Visigoths, par l'abbé Bourret. *Paris*, 1855, in-8, br.

127. Christi martyrum lecta trias, gr. et lat., edidit Combefis. *Parisiis*, 1666, pet. in-8, v.

128. Monuments inédits sur l'apostolat de sainte Marie Madeleine en Provence et sur les autres apôtres de cette contrée

(recueillis par Faillon). *Paris*, 1848, 2 t. en 1 vol. in-4, d.-rel. mar., *fig.*

129. Vie de saint Eutrope, par Verus, son successeur, publiée par Varin. *Paris*, 1849, in-8, br.

130. Fragment des révélations apocryphes de saint Barthélemy, et de l'histoire de saint Pakrôme, par Ed. Dulaurier. *Paris*, 1835, in-8, br.

131. De sancto Cypriano et de primæva Carthaginiensi ecclesia, auctore Blampignon. *Parisiis*, 1862, in-8, br.

132. Histoire de saint Martin, évesque de Tours, par Achille Dupuy. *Tours*, 1852, in-8, d.-mar.

133. Vie de saint Grégoire, évêque de Tours, par l'abbé Dupuy. *Paris, Vivès*, 1854, in-8, br.

134. Le livre des miracles et autres opuscules, par Grégoire de Tours, lat.-fr., publiés par M. Bordier. *Paris*, 1857-62, 3 vol. gr. in-8, br.

135. Les miracles de saint Benoît, par les moines de Fleury, publiés par de Certain. *Paris*, 1858, in-8, br.

136. Franz von Assisi, von Karl Hase. *Leipsig*, 1856, in-18, br.

137. Saint Christodule et la réforme des couvents grecs au XIᵉ siècle, par Ed. Le Barbier. *Paris*, 1863, in-12, br.

138. Monuments des grands maîtres de l'ordre de saint Jean de Jérusalem publiés par de Villeneuve Bargemont. *Paris*, 1829, 2 vol. gr. in-8, d.-rel., *fig.*

139. Les églises de la Terre Sainte, par le comte de Vogüé. *Paris*, 1860, gr. in-4, br., *fig.*
   Très-belle publication.

140. Philastri de hæresibus et Gennadii de ecclesiasticis dogmatibus libri, edidit Oehler. *Berolini*, 1856, in-8, cart.

141. Petri Siculi historia, gr. et lat. edita per Matt. Raderum. *Ingolstadii*, 1594, in-4, vel.

142. Petri Siculi historia Manichæorum, gr. et lat., edidit Gieseler. *Gottingæ*, 1846, in-4, br.

143. Essai sur la vie et l'œuvre de Martin Luther, par Rosseeuw Saint-Hilaire. *Paris*, 1860, in-8, br.

144. Biographie sacrée, par Athanase Coquerel. *Valence*, 1837, in-8, d.-mar., v. *Mouillé.*

2. *Mythologie et superstitions.*

145. Van Dale. Dissertationes de origine et progressu idolo-latriæ et superstitionum. *Amst.*, 1696, in-4, vel.

146. Einleitung in die Mythologie von Schweigger. *Halle*, 1836, in-8, cart.

147. De l'idolâtrie chez les anciens et les modernes, par Vincent. *Paris*, 1850, in-8, br.
Exemplaire couvert de notes manuscrites de l'auteur.

148. La Mythologie considérée dans son principe, par Guigniaut. In-8, br.

149. Sur divers points de Mythologie, par Vincent, Forchhammer, Jaeger, Oelschlaeger, Goettling, Hermann, Walz, Petersen, Lucas, Wiezeler, etc. 12 br. in-4 et in-8.

150. Epistola critica in Apollodorum, ad Heyne scripsit Mitscherlich. *Gottingæ*, 1782, in-12, d.-rel.

151. Creuzer's Symbolik und Mythologie der alten Volker. *Leipzig*, 1837-1842, 4 forts vol. in-8, pap. vél., br. et rel., *fig.*
Exemplaire complet.

152. Abbildungen zu Creuzer's Symbolik und Mythologie der alten Volker. *Leipsig*, 1819, gr. in-4 cart., *60 pl.*

153. Creuzer. Religions de l'antiquité, trad. par Guigniaut. *Paris*, 1835-51, t. 2, 3 et 4 en 7 parties.
Cet exemplaire contient le tome 2, partie 3, et le tome 3, partie 3, qui manquent à presque tous les exemplaires.

154. Étude sur les variations du Polythéisme grec, par Bernard. *Paris*, 1853, in-12, br.

155. Religions de la Grèce, par Rolle (vol. 1, seul publié). *Châtillon*, 1828, in-8, d.-rel.

156. Recherches sur la religion et le culte des populations primitives de la Grèce, par Alf. Maury. *Paris*, 1855, in-8, br.

157. Histoire des religions de la Grèce antique, par Maury. *Paris*, 1857, 3 t. en 1 vol. in-8, d.-mar., v.

158. Histoire des religions de la Grèce antique, par Alfred Maury (vol. 2). *Paris*, 1857, in-8, br.
Les institutions religieuses de la Grèce.

159. Einleitung in das Studium der griechischen Mythol., von Lange. *Berlin*, 1825, in-8, br.

160. Zur geschichte der Kunst und Religion bei den griechen, von Petersen. *Hamburg*, 1845, in-4, br.

161. Recherches sur la religion des Romains d'après les fastes d'Ovide, par Louis Lacroix. *Paris*, 1846, in-8, br.

162. De novissima Oraculorum ætate, scripsit Wolff. *Berolini*, 1854, in-4, br.

163. Das Orakel und die oase des Ammon, von Parthey. *Berlin*, 1862, in-4, cart., *2 cartes.*

164. Oracula Sibyllina, gr. et lat., curante Alexandre (vol. 2 et ultimum). *Parisiis*, 1856, in-8, br.

165. Essai sur les mystères d'Eleusis, par Ouvarof. *Paris*, 1816, in-8, br.

166. Guigniaut. De la théogonie d'Hésiode, 1835. = Mercuri Mythologia, 1835. = 2 br. in-8.

167. Essai sur les dieux protecteurs des héros grecs et troyens, dans Homère, par Bertrand. *Rennes*, 1858, in-8, br.

168. Gottingische Antiken, von Wieseler. *Gottingen*, 1857, in-4, br., *fig.*

169. Étude sur la religion phrygienne de Cybèle, par Lenormant. *s. d.*, in-8, br.

170. Quid Vestæ cultus in institutis veterum valuerit. *Ambiami*, 1858, in-8, br.

171. Burmanni Jupiter fulgurator. *Lugd.-Bat.*, 1700, in-4, v. f.

172. De Apolline et Minerva, scribebat Baehr. *Heidelbergæ*, 1820, in-4, br.

173. De Neptuno, ejusque cultu, auctore Burnouf. *Paris*, 1850, in-8, br.

174. Neptune, recherches sur ce dieu, sur son culte, etc., par Émeric David. *Paris, I. R.*, 1839, in-8, br.

175. Vulcain. Recherches sur ce dieu, son culte, etc., par Émeric David. *Paris*, 1838, in-8, br.

176. La Minerve du Parthénon, par Fr. Lenormant. *Paris*, 1860, gr. in-8, br.

177. De græca Minerva dissertatio, auctore Hermanno. *Lipsiæ*, 1837, in-4, br.

178. Mémoire sur la Vénus orientale androgyne, par Lajard. *Paris*, 1836, in-8, br., *fig.*

179. Lajard. Recherches sur le culte de Vénus. *Paris*, 1848, liv. 3 à 7, in-fol., *fig.*

180. La Vénus de Paphos et son temple, par Guigniaut. Paris. 1827, in-8, br. *Rare.*

181. Mémoires sur les mystères de Cérès et de Proserpine et sur les mystères de la Grèce en général, par Guigniaut. *Paris, I. I.*, 1856, in-4, br.

182. Del dio Fauno e de suoi seguaci, di Gerhard. *Napoli*, 1825, in-8, br.

183. De Nemesi Græcorum, scripsit Walz. *Tubingæ*, 1852, in-4, br.

184. Némésis et la jalousie des Dieux, par Tournier. *Paris*, 1863, in-8, br.

185. Minervini. Il mito di Ercole e di Iole. *Napoli*, 1842, in-4, br.

186. Hercule et Cacus, étude de Mythologie comparée, par M. Bréal. *Paris*, 1863, in-8, br.

187. Le mythe d'Œdipe, par Michel Bréal. *Paris*, 1863, in-8, br.

188. Die Sphinx, von Forchhammer. 1852, in-8, br.

189. Phaeton, arch. abh., von Wieseler. *Gottingen*, 1857, in-4, br.

190. Mémoire sur les représentations figurées du personnage d'Atlas, par Raoul Rochette. *Paris*, 1835, in-8, br.

191. Essai sur les idées cosmographiques qui se rattachent au personnage d'Atlas, par Letronne, 1831, in-8, br.

192. Der Tod des Cornelius Scipio, von Gerlach. *Basel*, 1839, in-8, br.

193. Otto Jahn. Uber den aberglauben des bosen blicks bei den Alten. 1855, in-8, br., 3 *planches.*
Sur la superstition du mauvais regard.

194. Religion der Carthager von Munter. *Copenhagen*, 1821, in-4, br.

195. Uber den ersten Aegyptischen Gotterkreis und sein geschichtlich mythologische entstehung, von Lepsius. *Berlin*, 1851, in-4, br., 4 *planches.*

196. Le Dieu Sérapis et son origine, par Guigniaut. *Paris*, 1828, in-8, br. *Rare.*

197. Essai sur le symbolisme antique d'Orient, par de Brière. *Paris*, 1847, in-8, br.

198. Observations sur le grand bas-relief mithriaque de la collection Borghèse. *Paris*, 1828, in-4, br.

199. LAJARD (Félix). Recherches sur le culte public et les

mystères de Mithra en Orient et en Occident, *Paris*, 1847.
22 livraisons in-fol. contenant le texte de l'ouvrage et 107
planches.

Ouvrage complet publié au prix de 264 fr.

199 *bis*. Essai sur la Mythologie du Nord, par Eichoff. *Lyon,*
1851, in-8, br.

200. Les Fées au moyen âge, par Alfred Maury. *Paris*, 1843,
in-12, br. n. r. *Rare.*

201. Histoire des différents cultes; superstition et pratiques
mystérieuses d'une contrée bourguignonne, par Mignard.
Dijon, 1851, in-4, br., *fig.*

202. Histoire critique du Gnosticisme, par Matter. *Paris*,
1828. 2 vol. in-8 de texte, et 1 vol. in-8 de *planches*.

203. Sur deux coffrets gnostiques du moyen âge du cabinet
du duc de Blacas, par de Hammer. *Paris*, 1832, in-4,
br., *fig.*

204. Monographie du coffret gnostique du duc de Blacas, par
Mignard. *Paris*, 1852, in-4, br., *fig.* == Suite de la monographie ou preuves du manichéisme de l'ordre du Temple.
1853, in-4, br., *fig.*

205. Fragments du livre gnostique intitulé : l'*Apocalypse*
d'Adam, par Ern. Renan. 1853, in-8, br.

206. Essai d'explication de quelques pierres gnostiques, par
Vincent, *s. d.*, in-8, br. *fig.*

207. Observations sur une pratique superstitieuse des Druses
et sur la doctrine des Nozaïriens, par Silv. de Sacy. *Paris*,
1827, in-8, br.

208. Théogonie des Druses, par Henry Guys. *Paris*, 1863,
in-8, br.

209. Ern. Renan. Mahomet et les origines de l'islamisme.
1851, in-8, br.

JURISPRUDENCE.

A. DROIT ROMAIN.

210. Pomponii de Origine Juris, recognovit Osannus. *Gissæ,*
1848, in-8, br.

211. Jus Græco-Romanum, edidit Zachariæ a Lingenthal.
Lipsiæ, 1857, 2 vol. in-8, br.

212. Dissensiones dominorum, sive controversiæ veterum juris romani interpretum qui glossatores vocantur, edidit Haenel. *Lipsiæ,* 1834, in-8, cart.

213. Juris antejustinianei fragmenta quæ dicuntur vaticana, edidit Mommsen. *Berolini,* 1860, in-4, br.

214. Corpus legum ab Imperat. Rom. antejustinianum latarum, edidit Haenel. *Lipsiæ,* 1857, gr. in-4, br.
Fasc. I.

215. Codex Theodosianus edidit Haenel. *Bonnæ,* 1837, 2 vol. in-4, br.
Fasc. I et II, formant 1040 colonnes.

216. Antiqua Summaria Codicis Theodosiani edidit Haenel. *Lipsiæ,* 1834, in-8, br.

217. Georgii Choerobosei didacta, in Theodosii canones, ed. Gaisford. *Oxonii,* 1842, 3 vol. in-8, cart.

218. Anecdota. Theodori Scholastici breviarium novellarum, etc., etc., ex biblioth. montis Atho, edidit Zachariæ. *Lipsiæ,* 1843, in-4, br.

219. Gregoriani Codicis fragmenta, edidit Haenel. 1837, in-4, broché.

220. Novellæ constitutiones Imperatorum, quas Sirmondus divulgavit, notis illustravit Haenel. *Bonnæ,* 1844, in-4, br.

221. De romanorum judiciis civilibus, auctor Bachofen. *Gottingæ,* 1840, in-8, br. = De legibus judiciisque (commentatio), auctore Zumptio. *Berolini,* 1847, in-4, br.

222. Disquisitio de legibus sacratis, auctore Frigell. *Upsaliæ,* 1851, in-8, br. = Die lex Hieronica, von Degenkolb. *Berlin,* 1861, in-12, br.

223. Les tables de bronze de Malaga et de Salpensa, trad. et annotées par Ed. Laboulaye. *Paris,* 1856, in-8, br. = Leges municipales, ed. à C. Zell. *Heidelbergæ,* 1857, in-8, br.

224. Die Stadtrechte der latinischen Gemeinden Salpensa und Malaca, von Mommsen, *s. d.* in-4, br. = Les tables de Salpensa et de Malaga, par Ch. Giraud. *Paris,* 1856, in-8, br.

225. Testament de Dasumius, par Ed. Laboulaye. *Paris,* 1845, in-8. br.

226. Histoire de la procédure civile chez les Romains, par Walter, trad. par Laboulaye. *Paris,* 1841, in-8, br.

227. Essai sur les lois criminelles des Romains, par Laboulaye, *Paris,* 1845, in-8, d. m., r. *Rare.*

228. Des lois agraires chez les Romains, par Ed. Laboulaye.
1846, in-8, br. *Rare.*

229. Recherches sur la condition civile et politique des
femmes depuis les Romains jusqu'à nos jours, par Ed. Laboulaye. *Paris,* 1843, in-8, d. m., r. *Rare.*

230. Sur le droit romain, par Osann, Haenel, Hupfeld,
Zumpt. 1837-50, 8 br. in-4 et in-8.

B. DROIT AU MOYEN AGE ET DROIT MODERNE.

231. Histoire du droit byzantin ou du droit romain dans l'empire d'Orient, par Montreuil. *Paris,* 1843-46, 3 tomes en
2 vol. in-8, rel. et br.

232. Notice de manuscrits concernant la législation du
moyen âge, par Tailliar. *Douai,* 1845, in-8, br.

233. Reccaredi Wisigothorum regis antiqua legum collectio,
edidit Blume. 1847, in-8, br.

234. Lex Romana Visigothorum, notis instruxit Haenel (fasc. II
et ultimus). *S. l. et a.,* in-4, br.

235. Formules wisigothiques inédites, publiées par de Roziè-
res. *Paris,* 1854, in-8, br. = Formules d'après un ms. de
Saint-Gall, 1853. = Formules d'après deux mss. de Munich,
1859, in-8, pap. de Holl., br.

236. Recueil général des formules usitées dans l'empire des
Francs du Ve au Xe siècle, par de Rozière. *Paris,* 1859,
2 vol. in-8, br.

237. Die Lombarda Commentare des Ariprand und Albertus,
von Anschutz. *Heidelberg,* 1855, in-8, br.

238. Regum Longobardorum leges de Structoribus, curavit
Neigebaur. *Monachii,* 1853, in-8, br.

239. Fragmenta versionis Græcæ legum Rotharis, edidit Zachariæ. *Heidelberg,* 1835, in-8, br.

240. De la Pragmatique sanction attribuée à saint Louis, par
Thomassy. *Paris,* 1844, in-8, br. = Uber Pragmatische
sanction, von Soldan, in-8, br.

241. Arrêts et enquêtes antérieurs aux Olim, par Boutarie.
Paris, 1863, in-4, br.

242. Les Olim ou registres des arrêts rendus par la cour du
roi, publiés par le comte Beugnot (t. II). *Paris, I. R.,*
1842, in-4, br.

243. Mémoire sur les Olim et sur le parlement, par Klimrath. *Paris*, 1837, in-8, br.

244. Collection de lois maritimes antérieures au XVIIIe siècle, par Pardessus. *Paris, I. R.,* 1828-1845, 6 vol. in-4, d. m. *Rare et recherché.*

On a joint au tome IIe une note de M. Pardessus. Cet exemplaire est annoté par M. Hase pour tous les textes grecs, l'écriture est très-soignée. Le tome Ier a une légère tache.

245. De jure apud Franciscum Baconum, scripsit Desjardins. *Parisiis,* 1862, in-8, br.

246. Notice sur les mémoires et conférences de J.-B. Denis, conseiller et médecin du roi, par Payen. *Paris,* 1857, in-4, br. *Tiré à petit nombre.*

247. Essai sur la vie et les doctrines de Savigny, par Ed. Laboulaye. *Paris,* 1842, in-8, br.

248. De l'influence de l'école française sur le droit, par Ledru-Rollin. *Paris,* 1845, in-4, br.

249. Institutionen des gemeinen Kirchenrechtes, von Otto Meyer. *Gottingen,* 1845, in-8, cart.

250. De jure municipali quibusdam civitatibus in Francia olim concesso, auctore Huguenin. *Parisiis,* 1855, in-4, br.

251. Histoire du droit municipal en France, par Raynouard. *Paris,* 1829, 2 t. en 1 vol., in-8, d. r. m. citr.

252. Essai historique sur les divers ordres de succession, par Maurocordato. *Paris,* 1847, in-8, br.

253. Les condamnés et les prisons, par Brétignères de Courteille. *Paris,* 1838, in-8, d. m. r.

254. Procès de Fieschi et de ses complices. *Paris,* 1836, 3 t. en 1 vol. in-8, d. m, r., *figures et fac-simile.*

255. Lettre à M. de Falloux, par Libri, sur une odieuse persécution. *Paris,* 1849, in-8, br.

256. Les justices vehmiques en Allemagne, au moyen âge, par Veron Reville. *Colmar,* 1859, in-8, br.

SCIENCES ET ARTS.

A. PHILOSOPHIE.

1. *Philosophes anciens et modernes.*

257. Dictionnaire des sciences et des arts, par Lunier. *Paris,* 1805, 3 vol. in-8, d. m. r.

258. Essai sur l'ouvrage de Huarte : Examen des aptitudes diverses pour les sciences, par Guardia. *Paris,* 1855, in-8, broché.

259. Du Berceau de l'espèce humaine selon les Indiens, les Perses et les Hébreux, par Obry. *Paris,* 1858, in-8, br.

260. La Terre et l'Homme, par Alf. Maury. *Paris,* 1857, in-12, broché.

261. Hieroclis in Aureum Pythagoreorum carmen commentarius, recensuit Mullach. *Berolini,* 1853, in-8, br.

262. Philosophische Schulen in Athen, von Zumpt. *Berlin,* 1843, in-4, br.

263. De Prodico Ceio, Socratis magistro et antecessore, auctore Cougny. *Parisiis,* 1857, in-8, br.

264. Die Athener und Sokrates, von Forchhammer. *Berlin,* 1837, in-8, br.

265. Antisthène et les autres cyniques, par Chappuis. *Paris,* 1854, in-8, br.

266. Platonis opera, ex recensione Hirschigii, gr. et lat., *Parisiis, Didot,* 1856, 2 vol. gr. in-8, d.-rel. maroq. v.

267. Platonis dialogi IV, gr., ex recens. Fischeri. *Lipsiæ,* 1760, in-8, d.-rel., n. rogné.
    Exemplaire couvert des notes manuscrites de M. Hase, sur les marges et sur feuilles intercalées.

268. Apologetæ Ecclesiæ christianæ ante Theodosiani Platonis ejusque philosophiæ arbitri, disquisitio, auctore Clausen. *Hauniæ,* 1817, in-8, cart.

269. Commentaire sur le Cratyle de Platon, par Ch. Lenormant. *Athènes,* 1861, in-8, br.

270. Fragments du Commentaire de Gallien sur le Timée de Platon, gr. et franç., par Daremberg. *Paris,* 1848, in-8, br.

271. Études sur le Timée de Platon, par H. Martin. *Paris,* 1841, 2 tomes en 1 vol. in-8, d.-maroq., v. *Rare.*
    Exemplaire portant la signature de MM. Henri Martin et Guigniault.

272. Interna, sive Esoterica Platonis doctrina, scripsit Druon. *Parisiis,* 1859, in-8, br. = Bredif. De anima Brutorum. *Alger,* 1863, in-8, br.

273. Des principes de l'art d'après la méthode et les doctrines de Platon, par Émile Burnouf. *Paris,* 1860, in-8, br.

274. Platon considéré comme fondateur de l'esthétique, par Ch. Lévesque. *Paris,* 1857, in-8, br. = Abrégé chronolog. de la vie de Platon, par Fortia d'Urban. 1843, in-12, br.

275. Die Æstetischen Elemente in der Platonischen Philosophie, von Justi. *Marburg*, 1860, in-12, br.

276. De personis platonicis, scripsit Taine. *Parisiis*, 1853,
in-8, br.

277. Sur Platon, par Hirchig, Wolf, Gieseler, Morgenstern,
Thiersch, etc., 7 br. in-4 et in-8.

278. Le philosophe Damascius, étude sur sa vie et ses ouvrages, par Ruelle. *Paris*, 1861, in-8, br.

279. Speusippi de primis rerum principiis placita, auctore
Ravaisson. *Parisiis*, 1838, in-8, br.

280. Aristotelis opera omnia, gr. et lat., *Parisis, Didot*, 1857,
4 vol. gr. in-8, d.-rel.

281. Zur Kritik Aristotelischer Schriften, von Vahlen. *Wien*,
1861, in-8, br.

282. Die Aristotelischen Handschriften der Vaticanischen Biblioth., von Brandis, 1831, in-4, br.

283. Valent. Rose, De Aristotelis librorum ordine et auctoritate. *Berolini*, 1854, in-8, br.

284. De peplo Aristotelis, accedunt pepli reliquiæ, auctore
Schneidewin, *s. a.*, in-8, br.

285. Spengel. Buch der Physik des Aristoteles. = Aristotelis
ars Rhetorica. = Aristoteles Poetik. = Jourdain. De l'influence d'Aristote, 1861. = Didot. Hymne d'Aristote,
1832, etc. = 8 opuscules in-4 et in-8.

286. Essai sur la Métaphysique d'Aristote, par Ravaisson.
Paris, 1837, 2 vol. in-8, d.-rel. maroq. r. *Rare.*

287. De la théorie des lieux communs dans les Topiques
d'Aristote, par Thionville. *Paris*, 1855, in-8, br.

288. La Philosophie du langage exposée d'après Aristote, par
Séguier. *Paris*, 1838, in-8, br.

289. Aristoteles bei den Roemern, von Stahr. *Leipsig*, 1834,
in-8, d.-rel.

290. Recherches sur l'âge et l'origine des traductions latines
d'Aristote, par Jourdain. *Paris*, 1843, in-8, br.

291. Averroes et l'Averroïsme, par Ernest Renan. *Paris*, 1852,
in-8, d.-maroq. v.

292. De philosophia peripatetica apud Syros, scripsit Renan.
Parisiis, 1852, in-8, br.

293. Baguet. De Chrysippi vita doctrina et reliquiis. *Lovanii*,
1822, in-4, br.

294. Essai sur Parmenide d'Elée, par Francis Riaux. *Paris,* 1840, in-8, br.

295. Plutarchi consolatio ad Apollonium, recognovit Usterius. *Turici,* 1830, in-8, cart.

296. Sextus Empiricus et la philosophie scholastique, par Jourdain. *Paris,* 1858, in-8, br.

297. De la philosophie scolastique, par Haureau. *Paris,* 1850, 2 vol. in-8, d.-rel. maroq. v.

298. Basilius Magnus Plotinizans, supplementum editionis Plotini Creuzerianæ, edidit Jahnius. *Bernæ,* 1838, in-4.

299. Porphyrius. De antro nympharum et de abstinentiâ ab esu animalium, gr. et lat., cum notis diversorum; notas adjecit Jacobus de Rhoer. *Traj. ad Rhenum,* 1765-67, in-4, v.

300. Porphyrii de abstinentia, Vita Pythagoræ et sententiæ, gr. et lat. *Cantabrigiæ,* 1655, petit in-8, v.

301. Porphyrii de Vita Pythagoræ liber, gr. et lat. *Romæ,* 1630, petit in-8, rel.

302. Mervoyer. Sur Apollonius de Thyane. *Paris,* 1864, in-8, br.

303. Némésius. De la nature de l'homme, traduit par Thibault. *Paris,* 1844, in-8, br.

304. Fragmenta philosophorum græcorum, edidit Mullachius. *Parisiis, Didot,* 1860, gr., in-8, d.-rel. maroq.

305. Aubertin. De sapientiæ doctoribus, qui Romæ viguere. *Parisiis,* 1857, in-8, br.

306. Cæcilii Balbi de Nugis philosophorum quæ supersunt, nunc primum edidit Wœfflin. *Basileæ,* 1855, in-4, cart.

307. De Lucretii metaphysica, scripsit de Suckau. *Parisiis,* 1857, in-8, br.

308. Antiochi Ascalonitæ vita et doctrina, auctore Chappuis. *Parisiis,* 1854, in-8, br.

309. De scientia civili apud M. Tullium Ciceronem, scribebat Desjardins, 1858, in-8, br.

310. De Phædro epicureo, auct. Olleris. *Parisiis,* 1841, in-8, broché.

311. Senecæ philosophi et rhetoris opera, cum notis variorum, suas adjecit Bouillet. *Parisiis, Lemaire,* 1827, 7 vol. in-8, d.-mar. r.

312. Annæi Senecæ naturales quæstiones, auctore Crouslé. *Parisiis,* 1863, in-8, br.

313. De la Morale pratique dans les lettres de Sénèque, par Martha. *Strasbourg*, 1864, in-8, br.

314. Étude critique sur les rapports supposés entre Sénèque et saint Paul, par Ch. Aubertin. *Paris*, 1837, in-8, br.

315. Sur Sénèque, par Osann, Haase, Fickert, etc. = 7 parties in-4, br.

316. Esquisse d'un tableau historique des progrès de l'esprit humain, par Condorcet. *Paris, an III,* in-8, d.-maroq., v.

317. Roger Bacon, sa vie, ses ouvrages, ses doctrines, par Émile Charles. *Bordeaux*, 1861, in-8, br.

318. Bonifas. De Petrarcha philosopho; *Paris.*, 1863, in-8, br. = Deltour. De Sallustio Catonis imitatore. *Paris.*, 1859, in-8, broché.

319. Erasmus, morum et litteratorum vindex, auct. Du Dezert. *Parisiis*, 1862, in-8, br. = De adagiis Erasmi, auct. Chasles. *Parisiis*, 1862, in-8, br.

320. Recherches sur Montaigne, documents inédits recueillis et publiés par Payen. *Paris*, 1856, in-8, br., *figures.*

321. Payen. Appel aux érudits, citations, allusions, etc., etc., qui se trouvent dans les œuvres de Montaigne, et dont la source n'est pas indiquée. *Paris*, 1857, in-8, br., *tiré à petit nombre.*

322. Descartes und Spinosa, von Schaarschmidt. *Bonn*, 1850, in-8, br.

323. Histoire de la philosophie cartésienne, par Bouillier. *Paris*, 1854, 2 vol. in-8, br.

324. Doctrine philosophique de Bossuet, par Delombre. *Paris*, 1855, in-8, br.

325. Discours sur la philosophie de Leibnitz, par Émile Saisset. *Paris*, 1857, in-8, br.

326. Étude sur la théodicée de Leibnitz, par Bonifas, 1863, in-8, br.

327. Méditations métaphysiques et Correspondance de Malebranche avec Dortous de Mairan. *Paris*, 1841, in-8, br.

328. Étude sur Malebranche, par Blampignon. *Paris*, 1861, in-8, br.

329. Damiron. Mémoire sur Helvétius. *Paris*, 1853, in-8, br. = Un chapitre de Locke et de Leibnitz, 1853, in-8, br.

330. De la philosophie de Turgot, par Mastier. *Pari Guillaumin*, 1862, in-8, br.

331. Quid de recti pravique discrimine senserit Kantius, scripsit Mastier. *Parisiis,* 1861, in-8, br.

332. Le scepticisme combattu dans ses principes, discussion des principes de Kant, par Em. Maurial. *Montpellier,* 1856, in-8, br.

333. Dissertation sur la philosophie atomistique, par La Faist. *Paris,* 1833, in-8, br. *Rare.*

334. Philosophie spiritualiste de la nature, par Henri Martin. *Paris,* 1849, 2 t. en un vol. in-8, d.-maroq., v.

335. Du principe général de la philosophie naturelle, par Boucheporn. *Paris,* 1853, in-8, br.

2. *Logique, métaphysique, morale, éducation politique, finances.*

336. Leçons de logique, par Charma. *Paris,* 1840. = Leçons de philosophie sociale. *Paris,* 1838. = 2 ouvrages en 1 vol. in-8, d.-rel. maroq., v.

337. Manuel de logique, par Mallet. *Paris,* 1850, in-8, d.-rel. maroq., v.

338. Michelet. Esquisse de logique, 1856, in-8, br.

339. Essais de logique, par Ch. Waddington. *Paris,* 1857, in-8, br.

340. Des théories de l'entendement humain dans l'antiquité, par Emm. Chauvet. *Caen,* 1855, in-8, br.

341. Examen d'un problème de théodicée, par H. Martin. *Paris,* 1859, in-8, br.

342. Correspondance philosophique et religieuse. *Paris,* 1847, in-8, br.

    Tiré à petit nombre.

343. De l'immortalité de l'âme dans le stoïcisme, par Courdaveaux. *Paris,* 1857, in-8, br.

344. Essai de philosophie religieuse, par Émile Saisset. *Paris,* 1859, in-8, br.

345. Nicolas. De Ingenio et Fortuna. *Lutetiæ,* 1861, in-8, br. = Charles. De vitæ natura. *Burdigalæ,* 1861. in-8, br.

346. De Animi facultate quæ corpori movendo præsit dissertatio, auctore Delombre. *Parisiis,* 1855, in-8, br.

347. Traité des facultés de l'âme, par Ad. Garnier. *Paris,* 1852. 3 vol. in-8, br. neufs.

348. Histoire de la Morale, par Ad. Garnier. *Paris*, 1857, in-8, br.

349. De la Morale avant les philosophes, par L. Ménars. *Paris*, 1860, in-8, br.

350. Theophrasti Characteres (M. Antoninus, Epictetus, Cebes, Maximus Tyrius) gr. et lat. curavit Dübner. *Parisiis, Didot*, 1840, gr. in-8, d. m.

351 Epicteti enchiridion et Arriani in Epictetem. *Basileæ*, 1854, p. in-4, b.

352. Essai sur Marc Aurèle, par Noel Desvergers. *Paris*, 1860, in-8, br.

Précédé d'une notice sur le comte Borghési.

353. Distiques de Caton, en latin, grec et français, et les quatrains de Pibrac. *Paris*, 1802, in-8, br.

Couvert de notes de M. Hase.

354. Charles Jourdain. De l'origine des traditions sur le christianisme de Boèce. 1861. = Des commentateurs de Boèce. 1861, 2 part. en 1 vol, in-4, br.

355. De l'habitude, par Félix Ravaisson. *Paris*, 1838, in-8, br.

356. Du fondement de l'obligation morale, par Beaussire. *Grenoble*, 1855, in-8, br.

357. Instruction publique. 30 mémoires en 2 vol. gr. in-8, d. m. r.

358. Quid de puerorum institutione senserit Plato, scripsit Baunard. *Aureliæ*, 1860. = Quid de puerorum institutione senserit Chesterfield, scripsit Perreus. *Monte Pessulano*, 1853, 2 p., in-8, br.

359. De l'organisation de l'enseignement dans l'Université de Paris au moyen âge, par Ch. Thurot. *Paris*, 1850, in-8, br.

360. Essai sur la fondation de l'école de Saint-Victor de Paris, XIIe siècle, par l'abbé Hugonin. *Paris*, 1854, in-8, br.

361. Essai sur l'histoire de l'instruction publique en Chine, et de la corporation des lettrés, par Ed. Biot. *Paris*, 1845, 2 vol. in-8, br.

362. Philosophie de la vie humaine, par Ed. Plantagenet. *Paris*, 1853, in-8, br.

363. De la part des peuples sémitiques dans l'histoire de la civilisation, par Renan. *Paris*, 1862, in-8, br.

364. Allgemeine Culturgeschichte, von Wachsmuth. *Leipsig*, 1850-1852, 3 t. en 2 vol. in-8, rel. et br.

365. Zumpt. Ueber die Volksvermehrung im Alterthum. *Berlin,* 1841, in-4, br.

366. L'émancipation et l'esclavage, par Wallon, *Paris,* 1861, in-8, br.

367. De l'abolition de l'esclave ancien au moyen âge, par Yanoski. *Paris,* 1860, in-8, br.

368. De monarchia Dantis Aligheri, commentationem historicam scripsit Ouvré. *Parisiis,* 1855, in-8, br.

369. Essai sur les écrits politiques de Christine de Pisan, par Raimond Thomassy. *Paris,* 1838, in-8, br.

370. Étude sur les œuvres politiques de Paul Paruta, par Mézières. *Paris,* 1853, in-8, br.

371. Ægidii Romani de regimine principum doctrina, scripsit Courdaveaux. *Parisiis,* 1857, in-8, br.

372. Essai sur les idées politiques de saint Augustin, par Dubief. *Moulins,* 1859, in-8, br.

373. Du principe des nationalités, par Louis Joly. *Paris, Garnier,* 1863, in-12, br.

374. De l'ordre social en France, par Mollard. *Paris,* 1840, gr. in-8, d. mar. r.

375. Mémoires de l'Académie des sciences morales et politiques, *Paris, I. I.,* 1850-62 (t. VII à XI). 5 vol. in-4, br.

376. Étude sur l'association des idées, par Mervoyer. *Douai,* 1864, in-8, br.

377. Les ouvriers européens. Études sur les conditions domestique et morale des populations ouvrières de l'Europe, par le Play. *Paris, I. I.,* 1855, in-fol., br.

378. Ch. Dupin. Rapport sur l'industrie française. *Paris, I. R.,* 1836, 3 vol. in-8, br.

379. Travaux de la commission française sur l'industrie des nations. *Paris,* 1855, 10 vol. in-8, br.

380. Les économistes appréciés par Protin. *Paris,* 1863, in-12, br.

381. Recherches historiques sur le système de Law, par Levasseur. *Paris,* 1854, in-8, br.

382. Recueil des opuscules de Séguin, de l'Académie des sciences, sur les finances. 1826, 10 part. en 1 vol. in-8, d. r.

383. De la découverte des mines d'or, par Stirling, trad. en français. *Paris, Guillaumin,* 1853, in-12, br.

B. SCIENCES NATURELLES.

*Ouvrages généraux, académies, géologie, botanique,
zoologie, etc.*

384. Plinii historiæ naturalis libri, cum notis variorum. *Parisiis, Lemaire,* 1828-32, 11 vol. in-8, d. v. f.

385. De codicum antiquorum, in quibus Plinii naturalis historia ad nostra tempora propagata est, fatis, fide atque auctoritate, scripsit Fels. *Gottingæ,* 1861, in-4, br.

386. Sillig. Præfatio historiæ naturalis Plinii secundi. *Dresdæ,* 1848, in-8, cart.

387. Sur Pline, par Otto Jahn, Held, Oelschlaeger, Lud. Janus, Brunnius, etc. 6 part., in-4 et in-8, br.

388. Rapport historique sur les progrès des sciences naturelles, par Cuvier. *Paris, I. I.,* 1810. = Sur les progrès des sciences mathématiques, par Delambre. *Paris, I.-I.,* 1810, 2 part. en 1 vol, in-4, d. r.

389. Sciences. Recueil de mémoires, par Seguin, du Housset, d'Hauterive, Humboldt. Environ 50 part. en 3 vol. in-8, d. r. m.

390. Expédition scientifique de Morée (relation, géologie, botanique, zoologie), par Bory de Saint-Vincent, Brongniart et Saint-Hilaire. *Paris,* 1836, 3 t. en 4 vol. in-4 de texte et 1 vol. gr. in-fol. *de planches coloriées.*
Bel exemplaire.

391. Comptes rendus de l'Académie des sciences de Copenhague, par Forchhammer, *Copenhague,* 1856, 6 vol. in-8, br., *fig.*

392. Bulletin de la Société impériale des sciences de Saint-Pétersbourg. 15 vol. in-4, en livr.

393. Comptes rendus des séances de l'Académie des sciences. *Paris,* 1835-37, 3 ann. en 4 vol. in-4, d. r. m.

394. Mémoires présentés par divers savants à l'académie des sciences, vol. XII à XVI. *Paris, I. 1.,* 1845 à 1862, 5 vol. in-4, br., *fig.*

395. MÉMOIRES DE L'ACADÉMIE DES SCIENCES. *Paris, I. I.,* 1849-61, 12 vol. in-4, br., *fig.*
T. 20, 21, 22, 23, 24, 25, 27, en deux parties, 28, 30, 31, en deux parties, 33 et atlas.

396. Cosmos. Essai d'une description physique du monde, par Alexandre de Humboldt, trad. par Galuski (vol. I et IV). *Paris, Gide,* 1846-59, 2 vol. in-8, br.

397. Fragments de géologie et de climatologie asiatiques, par de Humboldt. *Paris,* 1831, 2 vol. in-8, d. r. m. v. *Rare.*

398. Histoire et phénomènes du volcan et des îles volcaniques de Santorin, par l'abbé Pègues. *Paris, I. R.,* 1842, in-8, v.

399. De adamante commentatio antiquaria. *Berolini,* 1829, in-8, cart.

400. Exposition de la doctrine botanique de Théophraste, par Thiebaut de Berneaud. *Paris,* 1822, in-8, br.

401. Flora Apiciana (de arte coquinaria), auctore Dierbach. *Heidelberg,* 1831, in-8, br.

402. Synopsis plantarum floræ classicæ, von Frass. *Munchen,* 1845, in-8, br.

403. Flora mythologica, authore Dierbach. *Frankfurt,* 1833, in-8, br.

404. Essai d'une flore de l'île de Zante, par Margot et Reuter, 1838, in-4, br.

405. Mémoire sur les espèces de frênes connues des anciens, par Dureau de la Malle. In-12, br.

406. Additamente zur Flora des Quadergebirges (fossile Pflanzen), von Ernst Otto. *Dresden, s. d.,* gr., in-4, br., 7 pl.

407. Æliani de natura animalium, Porphyrii de abstinentia et de antro nympharum, libri; gr. et lat. *Parisiis, Didot,* 1858, gr. in-8, d.-mar., v.

408. Recherches sur les insectes nuisibles à la vigne connus des anciens et des modernes, et sur les moyens de s'opposer à leurs ravages, par le baron Walckenaer. 1835, 2 part. en 1 vol. in-8 br.

409. Petri Ardeti Historia piscium, gr. et lat., edidit Schneider. *Lipsiæ,* 1839, in-4 br.

410. Mémoire des professeurs du Muséum d'histoire naturelle. 1863. = Chevreul. Réfutation des allégations contre le Muséum. 1862 et 63. = Ens. 3 br. in-4.

411. Manuel de chimie et de physique, par Ajasson. *Paris,* 1829, 2 vol. in-18, d.-rel., v.

C. SCIENCES MÉDICALES.

412. De ortu medicinæ apud Græcos, per philosophiam. *Parisiis*, 1855, in-8 br.

413. Anecdota medica græca, gr. et lat., edidit Ermerins. *Lugd. Batav.*, 1840, in-8 br.

414. Hippocrate. Les pronostics, l'ostéologie, la physiologie, etc., trad. en fr. *Paris*, 1829, 5 t. en 4 vol. in-12 rel.

415. Traités d'Hippocrate, trad. par le chev. de Mercy. *Paris*, 1832, 2 vol. in-12, d.-mar., r. '

416. Hippocratis de morbo sacro, gr. et lat., recensuit Dietz. *Lipsiæ*, 1827, in-12 br.

417. Sur une traduction latine inédite du Traité des semaines, attribué à Hippocrate, par Littré. *s. d.*, in-8. br.

418. Aurelius. De acutis passionibus, edidit Daremberg. 1847, in-8 br.

419. Scriptorum græcorum physiognomonicorum præparatio, scripsit Taube. *Vratislaviæ*, 1862, in 4 cart.

420. Documents inédits sur la grande peste de 1348, par J. Michon. *Paris*, 1860, in-8 br.

421. Les Médecins au temps de Molière, par Maurice Raynaud, *Paris*, 1862, in-8 br.

422. Lettres sur l'histoire médicale du nord-est de là France, par Émile Begin. *Metz*, 1840, in-8 br., *fig.*

423. Mémoire sur le Glaucome, par Sichel. *Bruxelles*, 1842, in-8, d.-rel.

424. Histoires des eaux de Nîmes et de l'aqueduc romain du Gard, par Teissier. *Nîmes*, 1851-52, 2 vol. in-8 br.

425. Résumé d'un voyage médico-littéraire en Angleterre,— par M. Daremberg, in-8 br.

D. SCIENCES MATHÉMATIQUES.

Astronomie, art militaire, philosophie occulte.

426. Alex. von Humboldt. System von Zahlzeichen 1829. = Éloges de Volta, Fourier, Cuvier, etc. = Vincent. Sur l'oririgine de nos chiffres, etc. = 40 pièces en 2 vol. in-4, d.-rel. mar.

427. Exposé des signes de numération usités chez les peuples

orientaux, anciens et modernes, par Pihan. *Paris, I. I.,* 1860, in-8 br.

428. Matériaux pour servir à l'histoire comparée des sciences mathématiques chez les Grecs et les Orientaux, par Sédillot. *Paris,* 1845, 2 vol. in-8, d.-rel. et br., *fig.*

429. Sur l'introduction de l'arithmétique indienne en Occident, par Woepcke. *Rome,* 1859, in-4 br.

430. Chasles. Histoire de l'arithmétique. 1843, 2 parties, in-4 br.

431. Histoire de l'arithmétique, par Henri Martin. *Paris,* 1857, in-8 br.

432. Histoire des sciences mathématiques en Italie, par Libri. *Paris,* 1838, 2 vol. in-8, d.-rel. mar.

433. Arithmétique, par Rambosson. *Lyon,* 1855, in-12, d.-rel.

434. Apollonii Pergæi de sectione rationis libri II, ex arabico in lat. vertit Edm. Halley. *Oxonii,* 1706, in-8, v.

435. Chapitres de l'introduction arithmétique de Nicomaque de Gérase, trad. du grec par Henri Martin. *Rome,* 1858, in-8 br.

436. Le nombre nuptial de Platon, énigme mathémat. expliquée, par H. Martin. *s. d.,* in-8 br.

437. Vincent. Éloge de la pomme et du nombre six. = Sur un abacus athénien. 1846. = Théorie de la gamme, principalement chez les Grecs, etc. = 6 parties en 1 v. br. in-8.

438. Vincent. Sur le théorème de Pythagore. In-8 br.

439. Recherches sur la vie et les ouvrages d'Heron d'Alexandrie, par Henri Martin. *Paris, I. I.,* 1854, in-4 br.

440. La chirobaliste d'Heron d'Alexandrie, trad. du grec par par Vincent et réédifiée par Prou, ingénieur. *Paris,* 1862, in-4, br., *figures.*

441. Extraits des manuscrits relatifs à la géométrie pratique des Grecs, par Vincent. *Paris, I. I.,* 1858, gr. in-4, br.

442. Car. Ben. Hase. De libello geometrico Epaphroditi et Vitruvii Rufi dialogus. *Parisiis,* 1809, in-8, br.
    Ce premier essai de la plume de M. Hase est dédié à Bredow.

443. Détermination de l'unité métrique linéaire, en usage à Carthage avant l'époque de la conquête romaine, par Aurès. *Montpellier,* 1861, in-4, br.

444. Haton de la Goupillière. Sur le mouvement d'un corps sollicité par un centre fixe. *Paris,* 1857, in-4, br.

445. Journal de l'École impériale polytechnique (cahiers 35, 36 et 37). *Paris*, 1853-58, 3 vol. in-4, br., *figures.*

446. Demonville. Vrai système du monde, 1837, in-8, br. = Martin. Sur les appareils prothétiques, 1850, in-8, etc. = et autres opuscules sur les sciences, = 32 br. in-8, *figures.*

447. Uranologia, sive variorum libri de sphæra, gr. et lat., edidit Petavius. *Lutetiæ*, 1630, in-fol., v.

448. Mémoire d'astronomie ancienne, par Biot. *Paris*, 1846, in-4, br.

449. Recherches sur plusieurs points de l'astronomie égyptienne, par Biot. *Paris*, 1823, in-8, d.-rel., *figures.*

450. Le calendrier luni-solaire chaldéo-macédonien restitué, par H. Martin. *Paris*, 1853, in-8, br.

451. Mémoire sur les observations astronomiques envoyées de Babylone en Grèce par Callisthène, par Henri Martin. *Paris, I. I.*, 1863, in-4, br.

452. Hypothèses et époques des planètes de Ptolémée, gr., et traduction par l'abbé Halma. *Paris*, 1820, in-4, br.

453. Eratosthenis catasterismi, gr. lat., curavit Scaubach. *Gottingæ*, 1795, in-8, br., *figures.*

454. Sedillot. Astronomie orientale. = Les sciences mathématiques chez les Orientaux. = Chasles. Géométrie supérieure, etc. = 25 monogr., in-8 et in-4.

455. Rapport sur l'éclipse totale de soleil observée à Dongolah (Nubie) par Mahmoud-Bey. *Paris*, 1861, in-4, br.

456. Bald-Buoncompagni. Della vita et delle opere di Gherardo di Sabbionetta. *Roma*, 1851, in-4, br. *Fac-simile.*

457. Annuaires du Bureau des longitudes, 31 vol. in-18, br.

458. Æliani et Leonis imp. tactica, sive de instruendis aciebus, gr. et lat., opera Meursii. *Lugd. Bat. Elz.* 1613, in-4, v.

459. Essai sur le feu grégeois, par Ludovic Lalanne. *Paris*, 1841, in-4, br.

460. Libri Ignium ad comburendos hostes, auctore Marco Græco. *Parisiis*, 1804, in-4, br.

461. Du dromadaire comme animal de guerre, par Carbuccia. *Paris*, 1853, in-8, br.

462. Histoire des progrès de l'artillerie, par Favé. *Paris, Dumaine*, 1862-63, 2 vol. in-4, br.

463. Favé. Histoire de l'artillerie de campagne. *Paris*, 1845, in-8, et *atlas de 48 planches.* = Du feu grégeois. *Paris*, 1845, in-8, et *atlas de 17 planches coloriées.*

464. Psellus. De operatione dæmonum, gr. et lat., edidit
Gaulminus. *Lutetiæ*, 1615, petit in-8, vel.

465. Sopra un antico Chiodo magico, da Minervini. *Napoli*,
1846, in-8, br.

466. Hermetis Trismegistri poemander, recognovit Parthey.
Berolini, 1854, in-8, br.

467. Des ouvrages alchimiques attribués à Nicolas Flamel,
par Vallet de Viriville, in-8, br.

E. BEAUX-ARTS.

(Voyez Beaux-Arts, à l'archéologie).

*Introduction, peinture, gravure, sculpture, architecture, arts
divers, écriture, télégraphie.*

468. Dictionnaire de l'Académie des beaux-arts. *Paris*, 1858,
in-4, br., *fig.*

469. Journal des beaux-arts, *Paris*, 1835. 19 numéros en
1 vol. in-8, br., *fig.*

470. Statistique des beaux-arts, par Guyon de Fère. *Paris*,
1835, in-8, d.-rel., *fig.*

471. Anatole de Montaiglon, sur les beaux-arts. *Paris*, 1847,
in-8, br.

472. Dussieux. Les artistes français à l'étranger. *Paris*, 1852,
in-12, br.

473. Rapport sur les dégâts occasionnés aux monuments ar-
tistiques pendant le siége de Rome. *Paris*, I. N., 1850,
gr. in-4, br.

474. Ingres. L'Ecole des beaux-arts, 1863.—Rigollot, sur le
Giorgion, 1852.—Duchesne, Estampes de la Bibliothèque.
—Bularque, premier peintre signalé dans l'histoire.—Las-
sus, l'Art gothique, etc.—12 monographies in-8 et in-12.

475. Le décret et l'Académie des beaux-arts, par Ern. Ches-
neau. *Paris, Didier*, 1864, in-8, br.—Réclamations des
élèves, 1864, in-8, br.

476. Anzeiger für Kunde der deutschen Vorzeit, 1853-1854,
in-4, br.

477. Manuel d'iconographie chrétienne, grecque et latine,
par Didron. *Paris, I. R..* 1845, gr. in-8, d. mar. v.

478. Iconographie chrétienne, histoire de Dieu, par Didron. *Paris, I. R.*, 1843, in-4, br.

479. Deschamps. Notice sur un traité relatif à la peinture au moyen âge, par Pierre de Saint-Omer, *s. d.*, in-8, br.

480. Histoire abrégée de la peinture en mosaïque, par Artaud. *Lyon*, 1835, in-4, br.

481. Les mosaïques chrétiennes des églises de Rome, expliquées par H. Barbet de Jouy. *Paris, Didron*, 1857, in-8, br.

482. Sur quelques points de zoologie mystique dans les anciens vitraux peints par Martin et Cahier. *Paris*, 1842, in-4, br., *fig.*

483. Catalogue de l'œuvre de Léonard de Vinci, par Rigollot. *Paris*, 1849, in-8, br., *fig.*

484. Livrets du Musée de l'an XII à 1840, réunis en 3 vol. in-12, d.-rel. mar.

485. Notice des estampes de la Bibliothèque impériale, par Duchesne aîné. *Paris*, 1837, in-8, v. fil. tr. dor.

486. Description des estampes de la Bibliothèque impériale, par Duchesne aîné. *Paris*, 1855, in-8, br.

487. Compte rendu du voyage fait en Angleterre pour y examiner diverses collections d'estampes publiques ou particulières, par Duchesne aîné. *Paris*, 1824, in-8. br.

488. Essai sur les Nielles, gravures des orfèvres florentins du xve siècle, par Duchesne. *Paris*, 1826, in-8, cartonné, *fig.* Exemplaire en grand papier vélin. *Très-rare.*

489. Essai sur l'histoire de la gravure en bois, par Ambroise-Firmin Didot. *Paris*, 1863, in-8. br.

490. Histoire de la gravure en manière noire, par Léon de Laborde, *Paris, Jules Didot*, 1839, gr. in-8, *fig.*, d. m. v. *Rare.*

491. Lithographische Platten zum Ritter von Stauffenberg, pet. in-4 obl. 26 *planches.*

492. Catalogue de l'œuvre de Robert Strange, graveur, par Charles Le Blanc. *Leipsig*, 1848, in-8, br.

493. Étude sur les fontes du Primatice, par Barbet de Jouy. *Paris*, 1860, in-8, br.

494. Goettling. Thusnelda und Thumelicus. *Iena*, 1843, in-fol. oblong, *fig.*

495. Notice sur un coffret d'argent exécuté pour Franz de Sickingen, par Chabouillet. *Paris*, 1861, in-8, br.

496. Cinq plaques d'ivoire sculpté, représentant la mort de
Jésus-Christ, par Ch. Cahier. *Paris, S. D.*, in-4, br. 5 *pl.*

497. Les della Robbia, sculpteurs en terre émaillée, par
Henri Barbet de Jouy. *Paris*, 1855, in-12, pap. de Holl.,
br.

498. Bernard de Palissy, par Doublet de Boisthibault. *Paris*,
1857, in-8, br.

499. Vitruvii de architectura libri, edidit Rode. *Berolini*, 1800,
in-4, cartonné.

500. Geschichte der Baukunst, von Stieglitz. *Nuremberg*, 1827,
in-8, cartonné.

501. Stieglitz. Geschichte der Ausbildung der Baukunst. *Leipsig*,
1834, 2 vol. in-fol., cart. n. rog., *fig.*

502. Mémoire sur la dénomination et sur les règles de l'architecture dite gothique, par Eméric David. *Caen*, 1839,
in-8, br. *rare.*

503. Du style gothique au XIXᵉ siècle, par Viollet-le-Duc. *Paris*,
1846, in-4, br.

504. Recherches sur la construction du sabot du cheval, avec
une dissertation sur les moyens que les anciens employaient
pour protéger les pieds des chevaux, par Bracy Clark.
Paris, 1817, in-fol., br. 8 *planches.*

505. La comédie à cheval, ou manies et travers du monde
équestre, par Cler. *Paris, Bourdin*, etc., 6 part. en 1 vol.
in-12, d.-rel.

506. Philostratei libri de gymnastica, edidit Kayser. *Heidelbergæ*, 1840, in-8, br.

507. Philostrate. Traité sur la gymnastique, traduit par
M. Daremberg. *Paris*, 1858, in-8, br.

508. Essai sur l'origine de l'écriture, par Fortia d'Urban.
Paris, 1832, in-8, br., *fac-simile.*

509. Die Entwicklung der Schrift, von Steinthal. *Berlin*, 1852,
in-8, br.

510. Ueber die Buchstabenschrift und ihren Zusammenhang
mit dem Sprachbau, von Wilhelm von Humboldt. *Berlin*,
1826, in-4, br.

511. Mémoire sur les notes tironiennes, par Jules Tardif,
Paris, 1852, in-4, br.

512. Méthode d'improvisation musicale, par Keller. *Paris*,
1839, in-8, br.

513. Grammaire du télégraphe, par le comte d'Escayrac de Lauture. *Paris*, 1862, in-8, br.

BELLES-LETTRES.

A. LINGUISTIQUE.

1. *Introduction.*

514. Essai sur le langage, par Charma. *Paris*, 1846, in-8, br.

515. Ueber Ursprung der sprachlichen Formen, von Wulner. *Munster*, 1831, in-8, d. rel. v.

516. Die Sprachvergleichung, von Curtius. *Berlin*, 1848. in-8, br.

517. Der Ursprung der Sprache, von Steinthall. *Berlin*, 1851, in-8, br.

518. Beitraege zur Sprach- und Alterthums-Forschung, von Sachs. *Berlin*, 1852, 2 tomes en 1 vol., in-8.

519. De l'origine du langage, par Ernest Renan. *Paris*, 1858. in-8, br.

520. Lectures on the science of language, by Max Müller. *London*, 1862, gr. in-8 cartonné.

521. Ueber das Entstehen der grammatischen Formen und ihren Einfluss auf die Ideenentwicklung, von W. von Humboldt. *Berlin*, 1823, in-4, br.

522. Zeitschrift für vergleichende Sprachforschung, herausg. von Aufrecht und Kuhn. *Berlin*, 1851-1855. Quatre années en livraisons.

523. Tripartiti seu de analogia linguarum libelli continuatio. *Viennæ*, 1821, in-4, obl. cart.

524. Aperçu général de la science comparative des langues, par Louis Benloew. *Paris*, 1858, in-8, br.

525. Unité et confusion des langues, par Michalowski. *Saint-Étienne*, 1857, in-8, br.

526. Projet d'une langue universelle, par l'abbé Ochando, traduit par Touzé. *Paris, Lecoffre*, 1855, in-8, br. et supplément.

527. Cours complet de langue universelle, par Letellier. *Paris*, 1853-1855, 4 vol. in-8, br.

528. Remarques sur les caractères distinctifs des différentes linguistiques, par J. Oppert. *Paris*, 1860, in-8, br.

529. Principes de grammaire générale, par Théroulde. *Paris,—*
1855, 3 br. in-8.

530. Silvestre de Sacy. Grammaire générale, 1840, in-12 rel.
mar. v. = Egger. Grammaire comparée, 1852, in-12 br.

531. Précis d'une théorie des Rhythmes, par Louis Benloew.
Paris, 1862-1863, 2 vol. in-8.

532. Vincent. Sur le rhythme chez les anciens, *s. d.,* in-8 br.
= J. P. Rossignol. Deux lettres à M. Vincent sur le
rhythme. *Paris,* 1846, in-8 br.

2. *Langue grecque ancienne.*

533. An vulgaris lingua apud veteres Græcos exstiterit?
auctore Beulé. *Parisiis.* 1853, in-8 br.

534. Johannes Glycas. Opus de vera syntaxeos ratione, gr.,
edidit Alb. Jahn. *Bernæ,* 1839, in-8 br.
Supplément aux Rhetores græci de Walz.

535. Clenardi alphabetum græcum et grammatica. *Parisiis,—*
1580. 4 part. en 1 vol. petit in-8 rel.

536. Ausführliche griechische Grammatik, von Matthiæ.
Leipsig, 1807, in-8, d. mar.

537. Griechische Grammatik, von Matthiæ. *Leipsig,* 1808.
in-8, d. mar. v.

538. Griechische Grammatik vorzüglich des Homerischen
Dialects, von Thiersch. *Leipsig,* 1818, in-8 cart.

539. Grammaire grecque, par Minoide Mynas, *Paris,* 1828.
= Orthophonie grecque, par le même, 1824, 2 ouvrages en
1 vol. in-8, d. mar. citr.

540. Grammatik der griechischen Sprache, von R. Kühner.
Hannover, 1834, in-8, d. mar. r.

541. Grammaire grecque, par Courtaud Diverneresse. *Paris,*
1839, in-8 cart.

542. Lécluse. Clef du panhellénisme 1802. = Appendix ad
Bastii epistolam criticam, 1809. = Spalding. De oratione
Marcelliana. = Hermann. De pleonasmo. = Classen. Gram-
maticæ græcæ primordia, 1829. = Supplément au théâtre
des Grecs, publié par Raoul Rochette, 1828. etc.= 20 pièces
en 2 vol. in-8, mar. r.
Recueil intéressant; la dernière pièce est un mordant pamphlet.

543. Die Bildung der tempora und modi im Griechischen und
Lateinischen, von Curtius. *Berlin,* 1846, in-8, br.

544. Bleek. De nominum generibus. *Bonnæ*, 1861, in-8 cart.
= Bréal. De nominibus Persicis apud scriptores græcos. *Lut.-Par.* 1863, in-8 br.

545. Hesychii glossographi discipulus, gr. edidit Kopitar. *Vindobonæ*, 1839, in-8 br.

546. Suidæ lexicon, gr. et lat., edidit Bernhardy, *Halis,* 1843, 2 vol. in-4, cartonnés et en livraisons.

547. Aristophanis Byzantii grammatici alexandrini fragmenta collegit Nauck. *Halis,* 1848, in-8 br.

548. Dositheus magister. Interpretamentorum liber edidit Boecking. *Bonnæ*, 1832, in-8 br.

549. Quæstionum lexilogicarum liber, proposuit Lucas. *Bonnæ*, 1835, in-8 cartonné.

550. Griechisch-Deutsches Wörterbuch, von Schneider. *Leipsig*, 1819, 3 vol. in-4 cartonnés.

551. Griechisches Wurzellexicon, von Benfey. *Berlin,* 1839. 2 vol. in-8, d. mar., vert.

542. Atlas de la langue grecque ancienne et moderne, par Joannides. *Paris,* 1833, in-fol. cartonné.

3. *Langue et littérature grecque moderne.*

553. Isagoge hellenicæ linguæ (grec moderne). *Venise,* 1805, in-8 cartonné.

554. Grammatik der neugriechischen Sprache. *Braunschweig,* 1825, in-8 cartonné.

555. Praktische Grammatik der neuhellenischen Sprache, von Russiades. *Wien,* 1834, 2 tomes en 1 vol. in-8, d. mar.

556. Introduction à la syntaxe grecque, par Azopios (en grec moderne). 1841, in-8, rel.

557. Dictionnaire français-grec moderne, par Zalic Oglou. *Paris,* 1808, in-8, cartonné.

558. Dictionnaire grec moderne français, par M. Dehèque. *Paris,* 1825, in-12, rel.

559. Ellissen. National-griechische Aussprache. *Göttingen*, 1853, in-4, cartonné.

560. Iconomos. Langue slave (en russe et en grec). *Saint-Pétersbourg,* 1828, 3 vol. in-8. d. rel. mar.

561. Syntagma canonum apostolorum et consiliorum. *Athenæ,* 1855, in-8. *En grec moderne.*

562. Discours ecclésiastiques (en grec mod.), par Iconomos. *Berlin*, 1833, in-8, d. mar. r.

563. Apollodori bibliotheca, Palæphatus, Sallustius philosophus, traduits en grec moderne. *Vienne*, 1811, in-8 rel.

564. Ogygia, par Athanase Stagirite (en grec moderne). *Vienne*, 1815. 4 vol. in-8, d.-rel. v., *fig.*

565. Arabum mythologia (en grec moderne). *Venise*, 1815. 3 vol. in-12, cartonné.

566. Document historique sur la législation russe (en grec moderne). *Athènes*, 1858, in-8, br.

567. Daunou. Essai sur les garanties individuelles (trad. en grec). *Paris*, 1825, in-8, br.

568. Théorie et pratique de philosophie stoïcienne, par Braïla (en grec moderne), *Corcyre*, 1863, in-8, br.

569. Le contrat social de J.-J. Rousseau (trad. en grec moderne), avec des prolégomènes par Nicolopoulo. *Paris*, 1829, in-12, br.

570. Grec moderne. — Des devoirs des hommes, trad. en grec moderne. *Paris*, 1835. *Avec une lettre autogr. en grec, signée de MM. Wlad. Brunet et Dehèque* = et autres ouvrages par Goettling, Stamati, Bulgari, etc., etc., 10 part. en 1 vol. in-8, d.-rel., *fig.*

571. La Rhétorique (en grec), par Bambas. *Paris*, 1823, in-8, d.-rel. maroq.

572. Dion Chrysostôme, trad. en grec moderne. *Vienne*, 1810, 3 vol. pet. in-8, cart.

573. Maxime de Tyr, trad. par Doucas (en grec moderne). *Vienne*, 1810, in-8, d.-rel. maroq. v.

574. Ramkavis. Théâtre français, trad. en grec moderne (Cinna, Phèdre, Zaïre). *Athènes*, 1836, in-12, d.-mar. v.

575. Neaera, Komœdie von Demetrius Moschus von Lacedæmon, Gr. und D. von Ellissen. *Hanover*, 1859, in-8, br.

576. Amatoriæ narrationes (en grec moderne). *Venise*, 1816, pet. in-8, d.-rel.

577. Héliodore, trad. en grec moderne. *Smyrne*, 1844, in-8, d.-rel.

578. Mélanges de poésies populaires grecques modernes. 10 pièces en 2 vol. pet. in-8, d. mar. r.

579. Philologie grecque (en grec moderne) par Papadopoulo. *Athènes*, 1854-57, 2 vol. in-8, br.

580. Correspondance en grec des rois Géorgiens avec la Russie, par Brosset, 1851, in-8, br., *fac-simile.*

581. Manuscrit venu de Sainte-Hélène (traduit en grec moderne). *Munich,* 1818, in-fol., d.-mar.

582. Constantin Krokidas. Histoire de Russie (en grec moderne). *Athènes,* 1856-59, 12 vol. in-8, br.

583. Constantinople ancienne, étude archéologique (en grec moderne). *Venise,* 1824, in-8, d.-rel., *fig.*

584. Chroniques byzantines en grec moderne. *Venise,* 1767, 6 vol. pet. in-4, d.-rel.

585. Bysance, par Sampelio (en grec moderne). *Athènes,* 1858, in-8, br.

586. Histoire de la Roumanie (en grec moderne), 1816, gros in-8, d.-rel.

587. Tricoupis. Histoire grecque (en grec moderne). *Londres,* 1853, 4 t. en 2 vol. in-8, d. mar.

588. Documents historiques sur l'insurrection grecque, par Jean Philemonos. *Athènes,* 1859, 2 vol. in-8, br.
En grec moderne.

589. Les Archives de la résurrection de la Grèce. 1857. = Athènes, etc. = Journaux en grec moderne.

590. Nouvelle Ariane (en grec moderne). 1816, in-8, d.-rel.

591. Almanach pour 1837, en grec. *Athènes,* 1837, in-8, d-rel. maroq.

592. Athena, journal grec. 1858-60, 3 années en un vol. in-fol., cart.

593. Grec moderne, 20 pièces, in-8, br.

594. Grec moderne. = Recueil d'environ 300 pièces en grec moderne, publiées dans toutes les capitales de l'Europe, formant 8 fort vol. in-8, d. mar.
Recueil très-difficile à former.

4. *Langue latine.*

595. Zumpt. Spraakleer der Latijnsche taal. *Amst.,* 1835, in-8, cart.

596. Reisig's Vorlesungen über lateinische Sprachwissenschaft, herausgegeben von Haase. *Leipsig,* 1839, in-4, gr. papier, cart.

597. Reisig. Ueber lateinische Sprachwissenschaft, herausge-

geben von Haase. *Leipzig*, 1839, in-8 de 900 pages, d.-rel.
d. de v.

598. Lateinische Grammatik, von Zumpt. *Berlin*, 1824, in-8,
tiré in-4, d.-rel. mar. v. *Bel exemplaire.*

599. Lateinische Grammatik, von Zumpt. *Berlin*, 1844, gros
in-8, d.-mar. v.

600-601. Sinnius Capito (Römische Grammatik), von Hertz.
Berlin, 1844, in-8, br.

602. Osanni de pronomine Commentatio. *Gottingæ*, 1845,
in-4, br.

603. Traité des synonymes de la langue latine par Barrault
et Grégoire. *Paris*, 1853, in-8, d. maroq. v.

604. Théorie générale de l'accentuation latine, par Weil et
Louis Benloew. *Paris*, 1855, in-8, br.

605. Vocabularius optimus, = Osann. Glossarii latini specimen, 1826. = Analecta grammatica, edidit Keil. *Halis*,
1848. = Glossarium latino-suecicum, 1845, etc. = 24 opusc.
in-4 et in-8.

606. Nizolius sive Thesaurus Ciceronianus. *Lugd.*, 1584,
in-fol. bas.

607. Wörterbuch der Lateinischen Sprache, von Freund. *Leipzig*, 1834, 4 vol. gr. in-8, d. maroq.

608. Deutsch-Lateinisches Handwörterbuch, von Georges.
Leipsig, 1839, 2 vol. in-8, d. maroq. r.

609. Gradus ad Parnassum, edidit Friedmann. *Lipsiæ*, 1828,
2 parties en 1 vol. pet. in-8, d. mar. v.

610. Addenda lexicis latinis, investigavit, collegit, digessit
L. Quicherat. *Parisiis*, 1862, in-8, br.

611. Brissonii de formulis et solemnibus populi Romani ver-
bis. *Parisiis*, 1583, in-fol., v.

612. Mommsen. Die Unteritalischen Dialekte. *Leipzig*, 1850,
in-4, avec 19 planches. = Ueber das Römische Münzwesen,
von Mommsen. *S. d.* = 2 ouvrages en 1 vol. in-4, d.-rel.
maroquin.

613. Die Umbrischen Sprachdenkmaeler, von Aufrecht. *Berlin*,
1849, 2 t. en 1 vol. in-4, cart., *pl.*

5. *Langues romane, française, espagnole, italienne.*

614. Grammatica celtica, construxit Zeuss. *Lipsiæ*, 1853, 2 t.
en 1 vol. in-8, d.-rel. maroq.

615. Die, bei Caesar, Keltischen Namen, von Glueck. *München*, 1857, in-8, br.

616. Grammaire romane, par Conrad Orelli. *Zurich*, 1830, in-8, d. maroq. cit.

617. Grammatik der Romanischen Sprachen, von Diez. *Bonn*, 1836, 3 t. en 1 vol. in-8, d.-rel. maroq. v.

618. Etymologisches Wörterbuch der Romanischen Sprachen, von Diez. *Bonn*, 1853, in-8, d.-mar. v.

619. De la négation dans les langues romanes du midi et du nord de la France, par Schweighaeuser. *Paris*. 1852, in-8, broché.

620. Die Romanischen Sprachen in ihrem Verhältnisse zum Lateinischen, von Fuchs. *Halle*, 1849. = Bergmann. Les peuples primitifs. *Colmar*, 1853. = De l'origine du langage, par Ern. Renan. *Paris*, 1848. = 3 part. en 1 vol. in-8, d.-mar. v.

621. Éléments carlovingiens linguistiques et littéraires (par Barrois). *Paris. Crapelet*, 1846, in-4, papier de Hollande, d.-mar., n. rogné.
    Tiré à très-petit nombre.

622. La langue française dans ses rapports avec le sanscrit, par Delatre. *Paris, Didot*, 1854, in-8, br.

623. Essai philosophique sur la formation de la langue française, par Ed. Dumeril. *Paris*, 1852. = Poésies inédites du moyen âge, par Ed. Dumeril. *Paris*, 1854, etc. = 5 part. en 1 vol. in-8, d. mar. v.

624. De Chevallet. Éléments primitifs dont s'est formée la langue française. *Paris. I. I.* 1853, in-8, br.

625. Origine et formation de la langue française, par de Chevallet. *Paris. I. I.* 1853-57, 3 vol. gr. in-8, br.

626. Notice sur le monument littéraire le plus ancien que l'on connaisse de la langue des Francs, par Gley, *s. d.*, in-4, br. *Rare.*
    Avec une lettre autographe de Gley.

627. De la langue des Gloses malbergiques (anciens Francks), par Édelestan Duméril, *s. d.*, in-8, br.

628. Études gothiques (sur la langue française), par Mourain de Sourdeval. *Tours*, 1839, in-8, br.

629. L'Éclaircissement de la langue française, par J. Palsgrave (xvie siècle), suivi de la Grammaire de Giles du Guez, publiés par Génin. *Paris*, 1852, gr. in-4, cart.

630. Nouveaux principes de Grammaire française, par Perron. Paris, *Chamerot*, 1854, in-12, br.

631. Essai sur le rôle de l'accent latin dans la langue française, par Gaston. *Paris*, 1862, in-8, br.

632. Savels, Ueber den Casus. *Essen*, 1838. = Schifflin, Syntax der französischen Sprache. *Essen*, 1840, *2 tomes* en 1 vol. in-8, d. mar. v.

633. Dictionnaire étymologique de la langue française, par Noël. *Paris*, 1831, 2 vol. in-8, d. mar. v.

634. Dictionnaire historique de la langue française, publié par l'Académie. *Paris*, 1858, in-4, br.

635. Dictionnaire de l'Académie française (dernière édition). *Paris*, 1835, 2 vol. in-4, d. mar. v.
  Avec cette dédicace : *L'Académie française à monsieur Hase.*

636. Dictionnaire de la langue poétique, par Carpentier. *Paris*, 1822, in-8. cart.

637. Essai sur la langue de La Fontaine, par Marty-Laveaux. *Paris*, 1853, in-8, br.

638. Génin. Appendice essentiel au livre intitulé : Des Variations du langage français. 1846, in-8, br.

639. Génin. Lettre sur quelques points de philologie française. *Paris*, 1846, in-8, br.

640. Grammaire comparée des langues de la France, par L. de Baecker. *Paris*, 1860, in-8, br.

641. Histoire littéraire, philosophique et bibliographique des patois, par Pierquin de Gembloux. *Paris*, 1841, in-8, br. *Rare*.

642. Dictionnaire du patois normand, par Édelestan Duméril. *Caen*, 1849, in-8, br.

643. Grammaires provençales de Hugues Faidit et de Raymond Vidal (xiiie siècle), publiées par Guessard. *Paris*, 1858, in-8, br.

644. Donatz proensals. = Las rasos de Trobar de R. Vidal. = 2 part. en 1 br. in-8.

645. Dissertation sur la langue basque, par Lécluse. *Toulouse*, 1826, in-8, br. *Rare*.

646. Die Urbewohner Hispaniens vermittelst der Vaskischen Sprache, von Wilhelm von Humboldt. *Berlin*, 1821, in-4, br.

647. Études sur l'alphabet ibérien, par Boudart. *Paris*, 1852, in-8, br., *fig*.

648. Études sur l'origine de la langue et des romances espagnoles, par Rosseuw Saint-Hilaire. *Paris*, 1838, in-4, br.

649. Grand Dictionnaire italien-français et français-italien, par Alberti. *Bassano*, 1831, 2 vol. in-4, d.-rel.

6. *Langues indo-européennes* (allemand, russe, slave, langues du Nord).

650. Der Verbal-Organismus der Indisch-Europaeischen Sprachen, von Rapp. *Stuttgart und Ausbourg*, 1859, *3 tomes* en 1 vol. in-8, d.-rel. mar.

651. De l'accentuation dans les langues indo-européennes, par Louis Benloew. *Paris*, 1847, in-8, br.

652. Grammaire allemande, par Le Bas et Regnier. *Paris, Hingray*, 1831, 2 vol. in-12, d.-rel. mar.

653. Wörterbuch der Deutschen Sprache, von Campe. *Braunschweig*, 1807-1811, 5 vol. gr. in-4, d.-rel. mar.

654. Dictionnaire des gallicismes, par Fielsbach. *Leipsig*, 1841, in-8, br.

655. Premiers éléments de la langue anglo-saxonne, par Léon Rodet. *Paris*, 1858, in-8, br.

655 *bis*. Vergleichende Formenlehre der Slavischen Sprachen, von Miklosich. *Wien*, 1856, gr. in-4, br.

656. Dictionnaire anglais et français de Boyer. *Paris*, 1831, 2 vol. in-8, rel.

657. Glagolita Clozianus, id est codex antiquissimus transcriptus cyrillice, linguæ slavorum grammatica et lexico illustratus, auctore Kopitar. *Vindobonæ*, 1836, in-4, br.

658. Grammaire raisonnée de la langue russe, par Gretsch, traduit du russe par Reiff (tome Ier). *Saint-Pétersbourg*, 1828, in-8, d.-rel. mar. r.

659. Dictionnaire russe. *Leipzig, Tauchnitz, s. d.*, in-12, br.

660. Die Grundzüge der Finnischen Sprache, von Kellgren. *Berlin*, 1847, in-8, br.

661. Annales du Comité flamand de France. *Dunkerke*, 1855, 2 vol. in-8, br. *8 planches d'armoiries.*

662. Mémoire sur les Runes, par Édelestan Duméril, *s. d.*, in-8, br.

7. *Langues et littératures orientales.*

A. GÉNÉRALITÉS.

663. Asia polyglotta, von Julius Klaproth. *Paris*, 1823, in-4, br.

664. Notice sur les divers genres d'écritures anciennes et modernes des Arabes, Persans et Turcs, par Pihan. *Paris*, 1856, in-8, br.

665. Vocabulaire oriental, par Letellier. *Paris*, 1838, in-8, obl.

666. Mémoires d'histoire orientale, par Defrémery. *Paris*, 1854-1862, 2 vol. in-8, br.

> Le tome Ier est devenu très-rare.

667. Mélanges asiatiques, par Abel Rémusat. *Paris*, 1825, 2 vol. in-8, d.-rel. mar. r.

> Ouvrage devenu rare.

668. Mélanges d'histoire et de littérature orientale, par Abel Rémusat. *Paris, I. R.*, 1843, in-8, d. mar. r.

669. Sur l'Orient, son histoire, sa littérature, etc., par MM. Pauthier, Sédillot, Stanislas-Jullien, de Rosny, etc., etc. 100 monogr. in-8 et in-4.

> Ce lot pourra être divisé.

B. LANGUES TARTARES, LANGUES CAUCASIENNES, LANGUES SÉMITIQUES.

670. Éclaircissement sur quelques particularités des langues tartares et finnoises, par Roehrig. *Paris*, 1845, in-8, br.

671. Klaproth : = Chrestomathie mandchoue, 1828 ; = Principes de l'étude comparative des langues ; = Deux lettres sur la découverte des hiéroglyphes, 1827 ; = Examen des travaux de Champollion, 1832, = etc., = 8 parties en 2 vol. in-8, d. rel. mar. r.

> Recueil d'ouvrages estimés.

672. De Turcarum linguæ indole ac natura, scripsit Roehrig. *Vratislaviæ*, 1843, in-4, mar. r.

673. Bianchi. Dictionnaire français-turc (vol. 1). *Paris*, 1843, in-8, br.

674. Spécimen des idiotismes de la langue turque, par Roehrig. *Breslau*, 1843, in-8, br.

675. Conseils de Nabi-Effendi à son fils, publiés en turc et traduits par Pavet de Courteille. *Paris*, 1857, in-8, br.

676. Itinéraire de Constantinople à la Mecque, traduit du turc par Bianchi, *s. d.*, in-4, br.

677. Histoire de la campagne de Mohaez, par Kemal-pacha, texte et trad. par Pavet de Courteille. *Paris, I. I.*, 1859, in-8, br.

678. Description de l'Afrique septentrionale, par El-Bekri, trad. par Mac Guckin de Slane. *Paris, I. I.*, 1859, in-8, br.

679. Grammatica linguæ armeniacæ, auctore Petermann. *Berolini*, 1837, in-8, cart.

680. Réfutation des différentes sectes des païens, par le docteur Esnig; trad. de l'arménien en français par Levaillant de Florival. *Paris*, 1853, in-8, br.

681. La Rose et le Rossignol, allégorie; trad. de l'arménien par Levaillant de Florival. *Paris*, 1833, in-8, br.

682. Relation d'un voyage fait en Europe à la fin du xve siècle, par Martyr; trad. de l'arménien par J. Saint-Martin. *Paris*, 1827, in-8, br.

683. Recherches sur la chronologie arménienne, par Dulaurier (tome Ier). *Paris, I. I.*, 1859, gr. in-4, br.

684. Coup d'œil sur l'Arménie, par Levaillant de Florival. *Paris*, 1846, in-8, br.

685. Legatio Imp. Cæsaris Manuelis Comneni ad Armenios. *Bazileæ*, 1578, pet. in-8, v.

686. Détails historiques de la première expédition des chrétiens dans la Palestine, sous l'empereur Zimiscès, tirés d'un manuscrit arménien de Matthieu d'Édesse et trad. par de irbied. *Paris*, 1811, in-8, br.

687. Chronique de Matthieu d'Édesse, trad. de l'arménien par Dulaurier. *Paris*, 1858, in-8, br.

688. Aperçu des entreprises des Mongols en Géorgie et en Arménie dans le xiiie siècle, trad. de l'arménien par Klaproth. *Paris*, 1833, in-8, br.

689. Histoire d'Arménie, trad. de l'arménien, par J. Saint-Martin. *Paris, I. R.*, 1841, gr. in-8, d. r. m. r.

690. Esquisse de l'histoire de l'Arménie, par Chahnazarian. *Paris*, 1856, in-8, br.

691. Moïse de Khorènes. Histoire d'Arménie (arménien et

français), par Levaillant de Florival. *Paris, s. d.*, 2 t. en
1 vol. gr. in-8, d. m. r. *rare.*

> A la suite on a relié : Mekhitaristes de Saint-Lazare, Hist. d'Arménie.
> *Venise,* 1841.

692. Moïse de Calancaitouz. Histoire des Albanais du Caucase
(en arménien). *Paris, s. d.*, pet. in-8, br.

693. Bibliothèque historique arménienne, par Dulaurier.
Paris, 1856, in-8, br.

694. L'art libéral, ou grammaire géorgienne, par Brosset
jeune. *Paris*, 1834, in-8, br. *lithogr.*

695. Histoire et littérature de la Géorgie, par Brosset jeune.
S. d., in-4, br.

696. Histoire générale des langues sémitiques, par E. Renan.
Paris, I. I., 1855, gr. in-8, d. r. m. v.

697. Volney. L'hébreu simplifié, par la méthode alphabé-
tique. 1820. = Weiss. L'art d'apprendre les langues ra-
mené à ses principes naturels. 1808. = Bébian. Essai sur le
langage naturel. 1817, etc., 4 part. en 1 vol. in-8., d. rel.

698. Fragmentum libri nominum Hebraicorum, edidit Hohlenberg. *Hauniæ*, 1836, in-4, br.

699. Melitonis episcopi Sardium apologiæ, syriace et latine,
edidit E. Renan. *Parisiis*, 1855, gr. in-8, br.

C. LANGUE ARABE.

700. Grammaire arabe vulgaire, par Caussin de Perceval.
Paris, 1824, in-4, br.

701. Grammaire arabe, par Ch. Schier. *Dresde*, 1849, in-8,
broché.

702. Renan. Sur quelques noms arabes dans les inscriptions
grecques, 1856, in-8, br.

703. Boissonnet. Alphabet des Thouaregs. = *Fac-simile* de
la soumission d'Abd-el-Kader, etc. 7 ff. in-fol.

704. Précis de jurisprudence musulmane, trad. de l'arabe
par Perron. *Paris, Impr. Nat.*, 1848, 6 vol. in-8, br. et la
table.

> Ouvrage estimé.

705. Extraits du livre des merveilles de la nature, trad. de
l'arabe par de Chézy. *Paris*, 1805, in-8, br.

706. Alii-ben-Isa. Monitorium oculariorum ex arabico latine

redditum (præmissa est de medicis arabibus oculariis dissertatio), edidit Hille. *Dresde*, 1845, gr. in-8, cart.

707. L'Algèbre d'omar Alkhayyami, publié et trad. en arabe, par Woepcke. *Paris*, 1851, in-8, br.

708. Extrait du Fakhri, traité d'Algèbre, par Woepcke. *Paris*, *I. I.*, 1853, in-8, br.

709. Mémoire sur le système métrique des Arabes, par Garçin de Tassy. *Paris*, 1832, in-8, br.

710. Prolégomènes des tables astronomiques d'Oloug Beg, par Sédillot. *Paris*, 1847-1853, 2 vol. in-8, br.

711. Traité des instruments astronomiques des Arabes, trad. de l'arabe par Sédillot. *Paris*, 1834, 2 vol. in-4, d. rel. m., *figures*.

712. Anthologie arabe, ou choix de poésies arabes inédites, trad. avec le texte en regard par Humbert. *Paris*, 1819, in-8, pap. vel., d. m. r.

713. Défense de la poésie arabe par Grangeret de la Grange. *Paris*, 1826, in-8, br. = De l'utilité de l'étude de la poésie arabe, par de Sacy. *Paris*, 1826, in-8, br.

714. Tarafæ Moallaca cum Zuzenii scholiis (arabice et lat.), edidit Vullers. *Bonnæ*, 1828, in-4, pap. vel. cart.

715. Le Diwan d'Amrolkaïs, texte arabe et traduction, par Mac Guckin de Slane. *Paris*, 1837, in-4, br.

716. Szafieddini carmen arabicum, arab. et lat., edidit Bernstein. *Lipsiæ*, 1816, gr. in-4, cart.

717. Notice et extrait du roman d'Antar, par Caussin de Perceval. *Paris*, 1833, in-8, br. *Rare*.

718. Antar en Perse. Épisode du roman d'Antar, trad. de l'arabe par Dugat. *Paris*, 1850, in-8, br.

719. Fables de Lokman, texte et traduction, par Cherbonneau. *Paris*, 1836, 2 vol. in-12, br.

720. Proverbes arabes de Meidani, publiés et trad. par Et. Quatremère. *Paris*, 1838, in-8, br.

721. Le livre d'Abd-el-Kader, rappel à l'intelligent, trad. par G. Dugat. *Paris*, 1858, gr. in-8, br.

722. Voyage en Sicile, par Mohammed-ben-Djobair, sous Guillaume le Bon, texte arabe, et trad. par Amari. *Paris*, *I. R.*, 1846, in-8, br.

723. Description de Palerme au xᵉ siècle, trad. de l'arabe par Michel Amari. *Paris*, 1845, in-8, br.

724. Misaris ben Mohalhal, de itinere asiatico commentarium, edidit Kurd de Schloezer. *Berolini*, 1845, in-4, br.

725. Voyages d'Ibn-Batoutah dans l'Asie Mineure, trad. de l'arabe par Defrémery. *Paris*, 1851, in-8, br.

726. Voyages d'Ibn-Batoutah, texte arabe, avec une traduction par Defrémery. *Paris, I. I.*, 1853, 4 vol. in-8, br. et l'Index.

727. Voyage du Scheikh el Tidjani dans la régence de Tunis, trad. de l'arabe par Rousseau. *Paris, I. I.*, 1853, in-8, br.

728. Fragments arabes et persans inédits relatifs à l'Inde avant le XIe siècle, par Reinaud. *Paris*, 1845, in-8, br.

729. Relation des voyages faits par les Arabes dans l'Inde et la Chine, texte et trad. par Reinaud. *Paris*, 1845, 2 t. en 1 vol. in-18, d. m. r.

730. Lettres sur l'histoire des Arabes avant l'islamisme, par Fulgence Fresnel. *Paris*, 1836, in-8, br.

731. Caussin de Perceval. Essai sur l'histoire des Arabes avant l'islamisme. *Paris*, 1847, 3 t. en 2 vol. in-8, d. m. r.
   Ouvrage estimé, tiré à petit nombre d'exemplaires et devenu très-rare.

732. Histoire des Arabes, par Sédillot. *Paris*, 1854, in-12, broché.

733. Études sur l'Arabie, par Jomard. *Paris*, 1839, in-8, br.

734. Maçoudi. Les prairies d'or, texte et trad. par Barbier de Meynard. *Paris*, 1863, 2 vol. in-8, br.

735. Quatremère. Sur la vie du sultan Shah-Rokh. = Sur la dynastie des khalifes fatimites. = Sur la dynastie des kalifes abbassides. = Mémoire sur le kitab alagani. 4 part. en 1 vol., in-8, br.

736. Selecta ex historia Halebi, arab. et lat., edidit Freytag. *Lutetiæ*, 1819, in-8, br.

737. Historia Iemanæ, e codice arabico concinnata, edidit Johannsen. *Bonnæ*, 1828, in-8, cart.

738. Mémoire sur les Nabathéens, par Et. Quatremère. *Paris*, 1835, in-8, br. *Rare*.

739. Analectes sur l'histoire et la littérature des Arabes d'Espagne, par Al-Makkari (texte arabe). *Leyde*, 1855. t. 1er en 2 vol. in-4, br.

740. Noel Desvergers. Les diplômes arabes conservés dans les archives de la Sicile, 1845, in-8, br.

741. Storia dei musulmani di Sicilia, scritta da Amari. *Firenze*, 1854, 2 t. en 1 vol. in-8, d. m. v.

742. Chartes inédites du XIIIe siècle en dialecte catalan ou en arabe, publiées par Champollion et Reinaud. S. d., in-4, br.

743. Mémoire sur le traité fait entre Philippe le Hardi et le roi de Tunis en 1270, par Silv. de Sacy, 1825, in-8, br.

744. Histoire des sultans Mamlouks de l'Égypte (arabe et français), écrite en arabe par Makrisi, trad. en franç. par Et. Quatremère. *Paris*, 1842, t. Ier, 1re et IIe part., et t. II. 1re et IIe part., 4 vol. in-4, br.

745. Histoire de l'Afrique, trad. de l'arabe par Rémusat. *Paris, I. R.,* 1845, in-8, d. m. v.

746. Histoire des Beni-Zeiyan, rois de Tlemcen, trad. de l'arabe, par Bargès. *Paris,* 1852, in-12, br.

747. Histoire des Berbers, par Ibn-Khaaldoun (texte arabe, publié par le baron de Slane). *Alger,* 1847, 2 vol. gr. in-4, br.

748. Histoire des Berbères et des dynasties musulmanes de l'Afrique, par Ibn-Khaaldoun, trad. par le baron de Slane. *Alger,* 1852, 4 vol. in-8, br.

749. Autobiographie d'Ibn-Khaaldoun, trad. de l'arabe, par Mac Guckin de Slane. *Paris, I. R.,* 1844, in-8, br.

750. Hariri, sa vie et ses écrits, par L. Delatre. *Paris,* 1853, in-8, br.

751. Notice sur trois poëtes arabes, par Caussin de Perceval. *Paris,* 1834, in-8, br., *rare.*

752. Commentationes de Abul Alæ, poetæ arabici, vita et carminibus, scripsit Rieu. *Bonnæ,* 1843, in-8, br.

753. Ét. Quatremère. Mémoire sur la vie de Ben-Zobaïr. *Paris,* 1832, in-8, br.

754. Ibn-Khallikan's biographical dictionary, translated from the Arabic by Mac Guckin de Slane. *Paris,* 1842, 2 vol. gr. in-4, d.-r., mar.

D. LANGUE PERSANE (PEHLVIZEND).

755. De Persibus lingua et genio commentationes, auctore Frank. *Norimbergæ,* 1809, in-8, cart.

756. Grammaire persane, par Chodzko. *Paris, I. I.,* 1852, in-8, br. 5 *planches.*

757. Gulistan ou le parterre de roses, par Sadi, trad. par Defrémery. *Paris,* 1858, in-12, br.

758. Defrémery. Aperçu du Bostan de Sadi, 1859, in-8, br.
= La vie et les écrits de Hafiz, 1858, in-8, br.

759. Mantic Uttaïr ou le Langage des oiseaux, poëme publié en persan et trad. par Garcin de Tassy. *Paris*, *l. l.*, 1857-63, 2 vol. in-8, br.

760. Pend Nameh ou le Livre des Conseils, texte persan, par Emmanuel Latouche. *Paris*, 1847, in-8. br.

761. Histoire des Samanides, par Mirkhond., texte persan publiée par Defrémery. *Paris*, 1845, in-8, br.

762. Mirchond's Geschichte der Seldschuken, von Vullers. *Giessen*, 1838, in-8, br.

763. Vie de Djenghiz-Khan, par Mirkhond (texte persan). *Paris*, 1841, in-8, br.

764. Mémoire sur la vie et les ouvrages de Meïdani, par Quatremère. *Paris*, 1828, in-8, br.

765. L. Dubeux. Lettre relative aux inscriptions Pehlvies, trad. par Sylv. de Sacy, 1843, in-8, br.

766. Extrait d'une traduction du Vindidad Sadé de Zoroastre, par E. Burnouf, 1829, in-8, br.

E. LANGUES INDIENNES (SANSCRIT, INDOUSTANI, TAMOUL, TIBÉTAIN, SIAMOIS).

767. Étude sur l'idiome des Védas et les origines de la langue sanscrite, par Ad. Regnier, gr. in-4, br.

768. Chezy. Cours de langue sanskrite, discours, *Paris*, 1815 = Analyse du Mégha-Doutah, de Kalidasa, 1817, in-8, br., *rare*.

769. Grammaire sanscrite française, par Desgranges. *Paris*, *I. R.*, 1847, 2 vol. gr. in-4, br.

770. Kurze Sanskrit-Grammatik, von Theodor Benfey, *Leipzig*, 1855, gr. in-8, br.

771. Vergleichendes Accentuations-System des Sanskrit und Griechischen, von Franz Bopp. *Berlin*, 1854, in-8, br.

772. Vergleichende Grammatik des Sanskrit, Send, Griechischen, Altslavischen, von Bopp. *Berlin*, 1856-59, 2 *tomes* en 4 vol, in-8, br.

773. Analysis verbi (sanskrit, lateinische, griechische und turkische), von Bock. *Berlin*, 1844, in-8, cartonné.

774. Méthode pour déchiffrer et transcrire les noms sanscrits qui se rencontrent dans les livres chinois, par Stanislas Julien. *Paris*, *I. I.*, 1861, in-8, br.

22 — 775. Indische Alterthums-Kunde, von Lassen. *Bonn*, 1843, in-8, br.

Ce volume a été publié au prix de 20 fr.

776. Lois de Manou, trad. du sanscrit, par Loiseleur Deslong-champs. *Paris*, 1833, in-8, d. mar. bl.

777. Amarakocha ou vocabulaire d'Amarasinha, sanscrit et français, publié par Loiseleur Deslongchamps, *Paris*, 1839, 2 *tomes* en 1 vol. in-8, d. mar. v.

778. Aperçu des travaux d'Abel Rémusat sur le bouddhisme, par Landresse. *Paris, I. R.*, 1836, in-4, br.

779. Le Lotus de la bonne foi, trad. du sanscrit, avec un Commentaire et Mémoires relatifs au bouddhisme, par Burnouf, *Paris*, 1852, gr. in-4, br.

780. Le Bhâgavata purâna, ou Histoire poétique de Krichna, publié et traduit par Eug. Burnouf. *Paris*, 1840, gr. in-4, d.-r., mar. v.

781. Poésie héroïque des Indiens, avec analyse des poëmes nationaux de l'Inde, par Eichoff, *Paris*, 1860, in-8, br.

782. Eichhoff. Légende indienne sur la vie future, trad. du sanscrit. *Lyon*, 1853. = Poésie héroïque des Indiens; *Lyon*, 1853. = Ed. Duméril. Étude sur le Rig-Véda. *Paris*, 1853. = 3 part. in-8, br.

783. Parallèle d'un épisode de l'ancienne poésie indienne avec les poëmes de l'antiquité classique, par Ditandy. *Paris*, 1856, in-8, br.

784. La Bhagavad-Gita, ou le Chant du bienheureux, trad. par Émile Burnouf. *Paris*, 1861, in-8, br.

785. Le Mahabharata, onze épisodes tirés de ce poëme épique, trad. pour la première fois du sanscrit en français par Fou-caux. *Paris*, 1862, in-8, br.

786. Fragments du Mahabharata, trad. du sanscrit par Fou-caux. *Paris*, 1856, in-8, br. = Kaïrata-Parva, trad. par le même, *Paris*, 1857, in-8, br.

787. Fleurs de l'Inde, comprenant la mort de Iaznadata, trad. de Valmiki avec le texte sanscrit en regard. *Nancy*, 1857, in-8, br.

788. Ourvaci donnée pour prix de l'héroïsme, drame, par Kalidasa, traduit du sanscrit par Foucaux, *Paris*, 1861, in-8, br.

789. Parabole de l'enfant égaré, texte sanscrit et tibétain
trad. par Foucaux, *Paris*, 1854, in-8, br.

790. Krichna et sa doctrine, trad. sur les mss hindous, par
Th. Pavie. *Paris*, 1852, in-8, br.

791. Grammatica latino-tamulica. *Pudicheri*, 1843, in-8, rel.

792. Dictionnaire latin-français-tamoul, par deux mission-
naires. *Pudicheri*, 1864, in-8, rel.

793. Grammaire de la langue tibétaine, par Foucaux. *Paris*,
1858, in-8, br.

794. La naissance de Cakija-Muni, texte tibétain, trad. par
Foucaux. *Paris*, 1841 in-8, br.

795. Le Trésor des belles Paroles, sentences composées en
tibétain, et traduites en français, par Foucaux. *Paris*,
1858, in-8, br.

796. Dictionarium linguæ thaï, sive siamensis, interpretatione
lat., gall. et anglica illustratum, auctore Pallegoix. *Parisiis*,
1854, gr. in-4, br.

F. LANGUES CHINOISE ET JAPONAISE.

797. Le livre des mille mots, le plus ancien livre élémentaire
des Chinois, publié en chinois avec une double traduction,
par Stanislas Jullien. *Paris*, 1864, in-8, br.

798. Grammaire mandarine, par Bazin. *Paris*, 1. I., 1856,
in-8, br.

799. Lettre à Abel Rémusat sur la nature des formes gram-
maticales en général et sur le génie de la langue chinoise,
par G. de Humboldt. *Paris*, 1827, in-8, br.

800. Exercices pratiques d'analyse, de syntaxe et de lexigra-
phie chinoise, par Stanislas Jullien. *Paris*, 1842, in-8, br.

801. De la transmission télégraphique et de la transcription
littérale des caractères chinois, par d'Escayrac de Lauture.
Paris, 1862, 2 part., gr. in-4, br.

802. Le Ta-Hio ou la Grande Étude, ouvrage de Confucius;
trad. par Pauthier. *Paris*, 1837, in-8, br.

803. Esquisse d'une histoire de la philosophie chinoise, par
Pauthier. 1844, in-8, br.

804. Le livre de la Voie et de la Vertu, par Stanislas Jullien,
Paris, 1842, in-8, br.

805. Mémoires sur les colonies militaires et agricoles des Chinois, par Biot. *Paris*, 1850, in-8, br.

806. Essai sur le chi-king et sur l'ancienne poésie chinoise, par Brosset jeune. *Paris*, 1828, in-8, br.

807. Notice d'une mappemonde et d'une cosmographie chinoises, par Klaproth. *Paris*, 1833, in-8, br.

808. Chine, par Pauthier. *Paris*, 1827, in-8, br., *figures*.

809. Huc. L'Empire chinois. *Paris*, I. I., 1854, 2 vol. gr. in-8, br.

810. Histoire de la vie de Hioven-Thsang et de ses voyages dans l'Inde; trad. du chinois par Stanislas Jullien. *Paris*, 1853, in-8, br.

811. Mémoires sur les contrées occidentales (en 648); trad. du chinois par Stanislas Jullien. *Paris*, 1857, 2 forts vol. in-8, br.

812. Discours sur l'empereur Kien-Sing, par Fortia d'Urban. *Paris*, 1841, in-12, br.

813. L'inscription de Si-Ngan-Fou, monument nestorien élevé en Chine en 781; texte et trad. par Pauthier. *Paris*, 1858, in-8, br. *Fac-simile*.

813 *bis*. De l'authenticité de l'inscription nestorienne de Si-Ngan-Fou, par Pauthier. *Paris*, 1857, in-8, br.

814. Notice sur l'Encyclopédie littéraire de Ma-Touan-Lin, par Klaproth. *Paris*, I. R., 1832, in-8, br.

815. Recueil de textes japonais, par Léon de Rosny. *Paris*, *Maisonneuve*, 1863, in-8, br.

8. *Langues africaines, américaines et océaniennes.*

816. Grammaire de la langue woloffe, par l'abbé Boilat. *Paris*, I. I., 1858, in-8, br.

817. Mémoire sur le système grammatical des langues de quelques nations indiennes de l'Amérique, par Du Ponceau. *Paris*, 1838, in-8, d. mar. v.

818. Le livre sacré et les mythes de l'antiquité mexicaine avec les livres historiques des Quichés, par l'abbé Brasseur de Bourbourg. *Paris*, 1861, gr. in-8, br.

819. Grammaire de la langue Quichée, espagnole-française, publiée par l'abbé Brasseur de Bourbourg. *Paris*, 1862, in-8, br.
Volume publié au prix de 25 fr.

820. Les monuments américains du Louvre, par Ad. de Longpérier. *Paris*, 1850, in-8, pap. de Holl., br.

821. Des langues océaniennes, par Dulaurier. *Paris*, 1850, in-8, br.

822. Vocabulaire océanien-français et français-océanien, par l'abbé Mosblech. *Paris*, 1843, in-12, rel.

823. Chronique du royaume d'Atcheh, dans l'île de Sumatra; trad. du malais par Dulaurier. *Paris*, 1839, in-8, br.

824. Éléments de la langue malaye, par Alfr. Tugault. *Paris*, I. I., 1863, in-8, br.

825. Mémoires relatifs aux cours de langues malaye et javanaise, par Dulaurier. *Paris*, 1843, in-8, br.

826. HUMBOLDT (Wilhem von). Ueber die Kawi-Sprache auf der Insel Java. *Berlin*, 1836, 3 vol. gr. in-4, cart.

Ouvrage important.

827. Des dialectes de Tahiti et des îles Marquises, par Gaussin. *Paris*, 1853, in-8, br.

828. Considérations sur les alphabets des Philippines, par Jacquet. *Paris*, I. R., 1831, in-8, br.

B. RHÉTEURS ET ORATEURS.

829. Excerpta varia rhetorum et sophistarum græcorum, gr. et lat.; ed. Leo Allatius. *Romæ*, 1641, pet. in-8, bas.

830. Mémoires sur la rhétorique chez les Grecs. *Paris*, 1838, in-4, br.

831. La Rhétorique d'Aristote, par Ern. Havet. *Paris*, 1843, in-8, br.

832. Études critiques sur le Traité du sublime de Longin et sur les écrits de Longin, par Vaucher. *Genève*, 1854, in-8, br.

833. Étude sur l'état de la rhétorique chez les Grecs, de J.-C. à la prise de Constantinople, par Gros. *Paris*, 1835, in-8, br.

834. Quintiliani opera cum comment. Spalding, notas adjecit S. Dussault. *Parisiis, Lemaire*, 1821, 7 vol. in-8, d. m. r.

835. De l'ordre des mots dans les langues anciennes, par H. Weill. *Paris*, 1844, in-8, br.

836. Exemples de style, par Panckoucke. *Paris*, 1826, in-8, v. ant.

837. Oratores attici gr. et lat., edidit Mueller. *Parisiis, Didot*, 1847, 2 *tomes* en 1 vol. gr. in-8, d. mar. v.

838. Demosthenis orationes, gr. edidit Dindorf, cum indice. *Lipsiæ*, 1855, 3 *tomes* en 1 vol. in-12, d. rel. mar.

839. Demosthenis opera, gr. et lat., recensuit Voemelius. *Parisiis, Didot*, 1843, 2 vol. gr. in-8, d. rel. mar.

840. Harangues d'Eschine et de Démosthènes sur la couronne; trad. par Plougoulm. *Paris*, 1834, in-8, br.

841. Critica ad Demosthenis Leptineam, auctor Voemelius. 1861, in-8, br.

842. Étude sur les tribunaux athéniens et les plaidoyers civils de Démosthène, par V. Cucheval. *Paris*, 1863, in-8, br.

843. Les plaidoyers de Démosthène, par Desjardins. *Paris*, 1862, in-8, br.

844. Isocratis orationes et epistolæ, recognovit Baiter, gr. et lat. *Parisiis, Didot*, 1846, gr. in-8, d. mar. v.

845. Le discours d'Isocrate sur lui-même, trad. par Aug. Cartelier, publié par E. Havet. *Paris, I. I.*, 1863, in-8, br.

846. Des caractères de l'atticisme dans l'éloquence de Lysias, par J. Girard. *Paris*, 1854, in-8, br.

846 *bis*. L'Oraison funèbre d'Hypéride, texte et trad. par M. Dehèque. *Paris*, 1858, gr. in-8, br. *Tiré à petit nombre.*

847. Hyperides, gr., edidit Sauppius. *Gottingen*, 1858, in-8, br. = Hypéride, sa vie, son éloquence, par J. Girard. *S. d.*, in-8, br.

848. Periclis oratio funebris, cum versione Prierii. *Aug. Taur*, 1834, in-8, br.

849. De l'oraison funèbre dans la Grèce païenne, par Caffiaux. *Valenciennes*, 1860, in-8, br.

850. Dionis Chrysostomi oratio, notis illustrata a Baguet. *Lovanii*, 1823, in-8, br.

851. Lettre à M. Hase sur le discours de Dion Chrysostome, intitulé : Éloge de la chevelure. *Leyde*, 1839, in-8, cart.

852. Éloge de la chevelure, discours grec trad. par Miller. *Paris*, 1840, in-8, br

853. Michaelis Acominati panegyricus, primus edidit Tafel. *Tubingæ*, 1846, in-4, br.

854. Pachymeris declamationes XIII, curante Boissonade. *Parisiis*, 1848, in-8, br.

855. Ciceronis oratio pro Milone, edidit Freundius. *Vratislaviæ*, 1838, in-4, br. *Fac-simile du manuscrit.*

856. Recueil des discours prononcés à l'Académie française. *Paris, I. I.,* 1830-59, 4 vol. in-4, br.

857. Discours, éloges historiques, prononcés dans les cinq académies, et publiés séparément, 1820 à 1863, 9 vol. in-4, d. rel. mar. v.

> Recueil de plus de 400 pièces. Beaucoup de ces discours ont été prononcés par M. Hase ou sous sa présidence.

C. POÉSIE,

1. Poëtes grecs.

858. Die Metrik der Griechen und Roemer, von Ed. Munk. *Leipzig,* 1834, in-8, d. mar. r.

859. J.-P. Rossignol. Du vers dochmiaque. 1846, in-8, br.

860. J.-P. Rossignol. Fragments des choliambographes grecs et latins. *Paris,* 1849, in-8, br. = Sur le chœur des grenouilles d'Aristophane. 1844, in-8, br.

861. Homeri carmina, gr. et lat. *Parisiis, Didot,* 1837, gr. in-8, d. mar. v.

862. Batrachomyomachia, Homero vulgò attributa, edidit Baumeister. *Gottingæ,* 1852, in-8, br.

863. Homère. La Batrachomyomachie, trad. par Berger (de Xivrey). *Paris,* 1823, in-12, br.

864. L'Iliade, trad. en vers français par Bignan. *Paris,* 1853, in-12, br.

865. Anecdotum romanum de notis Aristarchi Homericis et Iliade-Heliconia, edidit Osann. *Gissæ,* 1851, in-8, br.

866. Tzetzæ allegoriæ Iliadis, accedunt Pselli Allegoriæ, curante Boissonade. *Lutetiæ,* 1851, in-8, br.

867. Beccard. De scholiis venetis in Homeri Iliadem. *Berolini,* 1850, in-8, cart.

868. Meletemata Homerica, scripsit W. Lucas. *Bonnæ,* 1839, gr. in-4, br.

869. Osann. Quæstionum Homericarum particulæ. *Gissæ,* 1851-54, 5 parties, in-4, br.

870. Homeri religionis ad bene vivendum heroicis temporibus, quæ fuerit vis? scripsit Delbruck. *Magdeburgi,* 1797, in-8, br.

871. De Homericorum poematum origine et unitate, scripsit Havet. *Parisiis,* 1843, in-8, br.

872. Hamel. De Psychologia Homerica. *Parisiis*, 1832, in-8, br.

873. De interpolatore Homerico, scripsit Kayser. *Heidelbergæ*, 1842, in-8, br.

874. Les Cimmériens d'Homère, par Ruelle. *Paris*, 1859, in-8, br.

875. Millin. Minéralogie homérique. *Paris*, 1816, in-8, d. rel. mar.

876. De Homeri vita, scripsit Meunier. *Parisiis*, 1857, in-8, br.

877. Homère et ses écrits, par le marquis de Fortia d'Urban. *Paris*, 1832, in-8, br.

878. Sur Homère, par Ritschell, Hermann, Lucas, Willems, Koes, etc. 10 broch. in-4 et in-8.

879. Hesiodi carmina (Apollonius, Musæus, etc.), gr. et lat., edidit Lehrs. *Parisiis, Didot*, 1840, gr. in-8, d. mar.

880. Hesiodi theogonia, recensuit Gerhardius. *Berolini*, 1856, in-8, br.

881. Sur la théogonie d'Hésiode, par Sickler. 1818, in-4, br.; = par Hermann. 1844, in-4. = Ueber das schiff bei Homer und Hesiode. *Dusseldorf*, 1834, in-4, br.

882. Dissertation sur les œuvres d'Hésiode, par Hamel. *Paris*, 1832, in-8, br.

883. Schneidewin. In Anthologia græca, 1855; = Arithmetische Epigramme, von Zerkel, 1853; = 2 br. in-4.

884. Essai de traduction de l'Anthologie grecque, par Hubert. In-12, br.

Cet essai est très-rare. On n'en connaît que quelques exemplaires. Le volume fut détruit sans être achevé.

885. Pindari opera quæ supersunt, gr., edidit Boeckius. *Lipsiæ*, 1811, in-4, br.

Tome Ier contenant le texte complet.

886. Pindari carmen olympicum, gr. et hisp., edidit Hamm. *Berolini*, 1840, in-8, cart.

887. Lectiones pindaricæ, edidit Kayser. *Heidelbergæ*, 1840, in-8, br.

888. Ueber die kritische Behandlung der Pindarischen Gedichte, von Boeckh. *Berlin*, 1823, in-4, cart.

889. Pindaros, zur Geschichte des Dichters, von Mommsen. *Kiel*, 1845, in-8, br.

890. Sur Pindare, par Osann, Hermann, Mommsen, etc. 10 opuscules, in-4 et in-8.

891. De Eratosthenis Erigona, carmine elegiaco, scripsit Osann. *Gottingæ*, 1846, in-8, br.

892. La Cassandre de Lycophron, texte et trad. par Dehèque. *Paris*, 1853, pet. in-4, br. *Tiré à petit nombre.*

893. Théocrite, par Adert. *Genève*, 1843, in-8 br.

894. Scholia in Theocritum, edidit Dübner. *Parisiis, Didot.* 1849, gr. in-8, d. mar.

895. De Theocriti idylliis, auctore Roux. *Parisiis*, 1846, in-8, broché.

896. Aratus, cum Scholiis, recognovit Bekkerus, *Berolini*, 1828, in-8, br.

897. Manuelis Philæ carmina, gr. et lat., edidit Miller. *Parisiis*, 1857, 2 vol. in-8, br.

898. Fragments inédits d'anciens poëtes grecs, tirés d'un papyrus, par Letronne. *Paris, Didot*, 1838, in-8, br.

899. Fragmente griechischer dichter, aus einem papyrus, von Schneidewin. *Gottingen*, 1838, in-8, br.

900. Incerti scriptoris carmen de Belisario græco romaicum, primum edidit Joannis Allen Giles. *Oxonii*, 1847, in-8 cart.
Volume très-bien imprimé et tiré seulement à 60 exemplaires.

901. Poésie grecque. = Recueil des fragments des petits poëtes grecs. = Environ 30 parties en 3 vol. in-4, d. rel. mar.

902. Des chants populaires dans la Grèce antique, par Benoît. *Nancy*, 1857, in-8, br.

903. Chants populaires de la Grèce moderne, par Fauriel. *Paris*, 1824. 2 vol. in-8. d. rel.
Bel exemplaire d'un livre rare.

2. *Poëtes latins.*

904. De Lucrèce et du poëme de la nature, par Patin. 1859, in-8, br.

905. De poetica Tullii Ciceronis facultate disseruit Faguet. *Pictaviis*, 1856, in-8, br.

906. Virgilius, cum Heynii, Servii et aliorum notis, curavit Lemaire, *Parisiis*, 1819-1822, 8 vol, in-8, d. r.
Rare.

907. Virgile et Constantin-le-Grand, par J. P. Rossignol. *Paris,* 1845, in-8, br.

908. Les Géorgiques, traduction vraie par un naturaliste. *Paris,* 1863, in-8, br.

909. Philibert Soupé. Sur le caractère national et religieux de l'épopée latine, etc. 1845. 3 parties en 1 vol. in-8, br.

910. Horatius Flaccus, cum notis veteribus ac novis curavit Lemaire, *Parisiis,* 1829, 3 vol. in-8, d. mar. r.

911. Odes d'Horace, traduites par Delort. *Arbois,* 1831, in-8, d. c. de R.

912. Étude morale et littéraire sur les épitres d'Horace, par Estienne. *Paris,* 1851, in-8, br.

913. Voyage d'Horace à Brindes, par Desjardins. *Macon,* 1855, in-8, br.

914. Remarques inédites du président Bouhier, de Breitinger et du père Oudin, sur quelques passages d'Horace. *Paris,* 1807, in-8, br.

915. Sur Horace, par Patin, Balbus, Hermann, Doderlein, Rein, Bernhardy, Schneidewin, Seebode. 1854, 8 br. in-4.

916. Catullus, edidit Dœring ; notas adjecit Naudet. *Parisiis, Lemaire,* 1826. = Huschk. De Catullo. *Lips.* 1826. = 2 ouv. en 1 vol. in-8, d. m. v.

917. Tibulli opera, notis instruxit A. de Golbery, *Parisiis, Lemaire,* 1826, in-8, d. mar. r.

918. Propertii elegiæ, cum commentario. *Parisiis, Lemaire,* 1832, in-8, d. mar. r.

919. Phædri fabulæ, edidit Schwabe, notas subjunxit Gail. *Parisiis, Lemaire,* 1826, 2 vol. in-8, d. m. r., *fig.*

920. Ovidii opera, cum notis Burmanni et aliorum, quibus suas addidit Amar. *Parisiis, Lemaire,* 1820-1824, 10 tomes en 9 vol. in-8, d. v.

921. Essai sur l'exil d'Ovide, par Deville. *Paris,* 1859, in-8, br.

921 *bis.* Juvenalis et Persii satiræ, cum notis illustravit Lemaire, *Parisiis,* 1823-1830, 3 vol. in-8, d. mar.

922. Les métamorphoses d'Ovide, trad. en vers par Em. Agnel. *Paris,* 1855, in-8, br.

923. Hermanni lectiones persianæ. *Marburgi,* 1842. in-4, cartonné.

924. Lucani Pharsalia, cum selectis variorum notis, edidit Lemaire. *Parisiis,* 1830, 3 vol. in-8, d. mar.

925. Lucain, avec notes françaises, par Naudet. *Paris*, 1832, in-12, d. mar. r.

926. Silius Italicus, cum notis et indicibus, curante Lemaire. *Parisiis*, 1823, 2 vol. in-8, d. m. r.

927. Valerii Flacci Argonautica, edidit Lemaire. *Parisiis*, 1824, 2 vol. in-8, d. v.

928. Statii opera, cum Marklandi et aliorum notis, ediderunt Amar et Lemaire. *Parisiis*, 1825, 4 vol. in-8, d. mar. r.

929. Martialis epigrammata, cum notis illustraverunt quinque parisienses acad. professores. *Parisiis, Lemaire*, 1825, 3 vol. in-8, d. m. v.

930. Florilegium epigrammatum Martialis, Scaliger græcè vertit ad Casaubonium. *Lutetiæ*, 1607, petit in-8, d. rel.
> Livre curieux avec la signature de P. Burmann. La lettre de Casaubon à Scaliger est aussi très-curieuse pour la biographie de ces grands hommes. J'ai donné ce petit livre à M. Hase qui nous rappelle les grands travaux des deux hommes les plus érudits du xviie siècle. C'est pour M. Hase un petit livre de famille. (Walckenaer.)

931. Poetæ latini minores, cum notis veteribus ac novis illustravit E. Lemaire. *Parisiis*, 1824-1826, 8 vol. in-8, d. mar. bleu.

932. Claudiani opera, cum notis recensuit Artaud. *Parisiis, Lemaire*, 1824, 3 parties en 2 vol. in-8, d. mar. vert.

933 Moselgedichte des Decimus Magnus Ausonius und des Venantius Honorius Clementianus Fortunatus, von Boecking. *Bonn*, 1845, in-8, cartonné.

934. Poésie latine. Recueil de 10 pièces, en 1 vol. in-8, d. r. m.

935. Sur les poëtes latins, par Weber, Creuzer, Schwabe, etc. = 8 parties en 1 vol. in-8, d. rel.

936. De egloga piscatoria Sannazarii, scripsit Campaux. *Parisiis*, 1859, in-8 br.

937. De Marci Hieronymi Vidæ poeticorum libris, scripsit Vissac. *Parisiis*, 1862, in-8, br.

938. De sacro apud christianos carmine epico, scripsit Hildebrand. *Parisiis*, 1861, in-8, br.

939. Guntheri poetæ Ligurinus, sive de rebus gestis Frederici primi Aug. libri X, edidit Dumgé. *Heidelbergæ*, 1812. 2 tomes en 1 vol. in-8, d. mar. v.

940. Gidel. De Philippide Guillelmi Britonis disputatio, *Andecavis*, 1857, in-8, br.

941. Poésies populaires latines du moyen-âge, par E. Duméril. *Paris*, 1847, in-8, br.

942. Charles Labitte. De l'étude des poëtes latins sous Louis XIV. 1845, in-8, br. = La satire et la comédie à Rome. *Paris*, 1844, in-8, br. *rares*.

943. Vissac. De la poésie latine en France au siècle de Louis XIV. *Paris*, 1862, in-8, br.

944. Roma, elegia, auctore Schlegel, *s. a.*, in-8, br.

3. *Poëtes français.*

945. Passion de N.-S. Jésus-Christ, et passion de saint Léger, en langue romane et en vers, publiés par Champollion. *Paris*, 1849, in-4, br. *fig. rare*.

946. Un sermon en vers, publié pour la première fois par Ach. Jubinal. *Paris*, 1834, in-8, br.

947. Ueber Chrestiens de Troies und zwei seiner Werke, von Holland. *Tubingen*, 1847, in-8, br.

948. Guy de Warwick, alt-französische Handschrift, von Schonemann. *Leipsig*, 1842, in-8, br.

949. Analyse du Roman de Brut de Wace, par Le Roux de Lincy. *Rouen*, 1838, in-8, br.

950. La chanson de Roland, poème de Thérould, publié et traduit par Génin. *Paris*, 1850, gr. in-8, br.

951. Dissertation sur le roman de Roncevaux, par Monin. *Paris*, 1832, in-8, br.

952. Le roman en vers de Gérard de Roussillon, publié pour la première fois par Mignard. *Paris*, 1858, in-8, br.

953. Un mot sur les romans de Gérard de Roussillon, par Fabre. *Vienne*, 1857, in-8, br.

954. Le roman (en vers) de Foulques de Candie, par Hubert Leduc, de Dammartin. *Reims*, 1860, in-8, br.
Tiré à petit nombre.

955. Le roman (en vers) des quatre fils Aymon, princes des Asturies. *Reims*, 1861, in-8, br.
Tiré à 300 exemplaires.

956. Analyse critique et littéraire du roman de Garin-le-Loherain, par Le Roux de Lincy. *Paris*, 1835, in-12, papier de Hollande, br.

957. Essai sur les romans d'Enéas, d'après les manuscrits de la bibliothèque impériale, par Al. Pey. *Paris*, 1856. in-8, br.

958. Roman de Mahomet et livre de la loi au Sarrazin, publiés par MM. Reinaud et Francisque Michel. *Paris*, 1831, in-8, br., *rare*.

959. Roman de Mahomet et livre de la loi au Sarrazin, publiés par MM. Reinaud et Francisque Michel. *Paris*, 1831. = Recueil des pièces historiques sur la reine Anne, par Labouroff, 1825. = Recherches sur l'ancienneté de la langue romane, par Raynouard, 1816. = 3 part. en 1 vol. in-8, d. v.
> Recueil de volumes rares.

960. Élégie romane sur la mort d'Enguerrand de Créqui, publiée et annotée par Le Glay. *Paris*, 1834, in-8, br.
> Tiré à 60 exemplaires.

961. Li fablel dou Dieu d'amour, publié par Achille Jubinal, *Paris*, 1834, in-8, br.

962. De Gaidone (Gaydon) carmine gallico vetustiore, auctore Luce. *Lutetiæ*, 1860, in-8, br.

963. Chansons de Maurice et de Pierre de Craon, poëtes anglo-normands, du XIIe siècle, publiées par Trébutien. *Caen*, 1843, in-8, gr. pap. de Hollande, br.

964. Le poëme de la croisade contre les Albigeois au XIIIe siècle, par Guibal. *Toulouse*, 1863, gr. in-8, br.

965. Les XXIII manières de Villains, pièce du XIIIe siècle, publiée avec une traduction en regard, par Ach. Jubinal. *Paris*, 1834, in-8, br.

966. La complainte d'Outre-mer et celle de Constantinople, par Rutebeuf, publiées par Ach. Jubinal. *Paris*, 1834. = La résurrection du Sauveur, avec une traduction, par Ach. Jubinal. *Paris*, 1834, 2 parties en 1 vol. br. in-8.

967. Œuvres complètes de Rutebeuf, trouvère du XIIIe siècle, par Ach. Jubinal. *Paris*, 1839, 2 vol. in-8, mar. v.

968. Le sermon de Guichard de Beaulieu (XIIIe siècle). *Paris*, 1834, in-8, br. goth. *rare*.

969. Le Roux de Lincy. Le roman de la Rose. 1837, in-8, br.

970. Précis historique et littéraire sur Eustache Deschamps, (poëte du XIVe siècle), par Crapelet. *Paris*, 1832, in-8, br.

971. Poésies de Charles d'Orléans, publiées par Marie Guichard. *Paris*, 1842, in-12, d. mar. v.

972. Étude sur la vie et les poésies de Charles d'Orléans, par Beaufils. *Coutances*, 1861, in-8, br.

973. Le mystère du siége d'Orléans (poëme du XVe siècle),

publié pour la première fois d'après le manuscrit du Vatican, par Guessard et de Certain. *Paris. I. I.* 1862, in-4, cart.

974. Notice d'un poëme provençal, par Raynouard. *S. d,* in-4, br.

975. Anciennes poésies religieuses en langue d'Oc, publiées par Paul Meyer. *Paris,* 1860, in-8, br.

976. Réponse à la lettre de Michelet sur les épopées du moyen âge, par Paulin Pâris. *Paris,* 1831, in-12, br.

977. Ronsard, considéré comme imitateur d'Homère et de Pindare, par Gandar. *Metz,* 1854, in-8, br.

978. Essai philosophique sur le principe et les formes de la versification, par Ed. Duméril. *Paris,* 1841, in-8, br.

979. Fr. Villon. Sa vie et ses œuvres, par Ant. Campaux. *Paris,* 1859, in-8, br.

980. Mémoire sur saint Lambert, par Damiron. *Paris.* 1855, in-8, br.

981. Odes choisies par le comte de Valori, 1819, in-8, br. = L'amour maternel, par Mme B... *Paris,* 1811, in-12, br.

982. Poésies de Mollevaut, 1843, 3 vol. in-12, br. = Les Pyrénées, poëme par Dureau de La Malle. 1808, in-12, br.

983. Pensées en vers, par Mollevaut. *Paris,* 1829, in-12, br. = Poésies européennes, par Halévy. *Paris,* 1833, in-8, d. mar. r.

984. Didot. Poésies suivies d'observations sur les Estienne. *Paris,* 1834, in-8, d. mar. r. = Lerambert. Poésies. *Paris,* 1856, in-12, br.

985. France et Bretagne, par de Mercy. *Paris,* 1863, in-12 br. — Poèmes, par L. Ménard. *Paris,* 1855, in-12, br.

4. Poëtes étrangers.

986. Anthologia polyglotta, by Wellesley. *London,* 1849, gr. in-8, cartonné.

987. Canzone inedita di Dante Alighieri, dal sig. Panizza *Padova,* 1839, pet. in-8, br.

988. Les troubadours et Pétrarque, par Gidel. *Angers,* 1857, in-8, br.

989. Poëme du Cid, espagnol et français, publié par Damas-Hinard, *Paris, I. I.,* 1858, in-4, br.

990. De heroico Germanorum carmine Niebelungen, scripsit

Mayer. *Lutetiæ*, 1860, in-8, br.—De carminibus anglo-saxo-
nicis, scripsit Sandras. *Parisiis*, 1859, in-8, br.

991. Étude sur le Parcival de Wolfranc d'Eschenbach, et sur
la légende de saint Graal, par Heinrich. *Paris*, 1855, in-8, br.

992. Ueber ein Wort Friedrich's II. von deutscher Verskunst,
von Wolf. *Berlin*, 1811, in-8, cartonné.

993. Étude sur Chaucer, considéré comme imitateur des
trouvères, par Sandras. *Paris*, 1859, in-8, br.

994. La reine des fées, poëme par Spenser, étude littéraire et
historique, par Carl Mayer. *Paris*, 1860, in-8, br.

995. Don Juan, poëme trad. de lord Byron, par Paulin-Paris.
Paris, 1827, 3 vol. in-18, br.

996. Chants historiques de la Flandre (400 à 1650) recueill.
par L. de Baecker. *Lille*, 1855, in-8, br.

997. Histoire de la poésie scandinave, par Edelestan-Duméril.
Paris, 1839, in-8, d. mar. v.

D. ART DRAMATIQUE.

Auteurs dramatiques anciens et modernes.

998. Zur Gallerie der alten Dramatiker, von Creuzer. *Heidelberg*, 1839, in-8, br.

999. Sur les tragiques grecs, par Thiersch, Hermann, Boettiger, Goettling, Invern, etc., 10 pièces en 1 vol. in-4,
d.-rel., mar. r.

1000. Hermanni disputatio de distributione personarum, inter-
histriones, in tragediis græcis. *Marburgi*, 1840, in-8, br.

1001. Du merveilleux dans la tragédie grecque, par Roux.
Paris. 1846, in-8, br.

1002. Æschyli et Sophoclis tragediæ gr. et lat. *Parisiis, Didot*,
1842, gr., in-8, d.-rel. mar. r. = Sophoclis fragmenta.
Parisiis, Didot, 1844, gr. in-8, br.

1003. Hermann. De re scenica in Æschyli Orestea. *Lipsiæ*, 1846,
in-4, br. = De tragedia, comediaque lyrica. *Lipsiæ*, 1836,
in-4 br.

1004. Des Æschylos Oresteia, von Franz. *Leipsig*, 1846, gr.
in-8, cart.

1005. Æschyli cœphori, edidit Weil. *Gissæ*, 1860, in-8, br.

1006. De Æschyli Septem contra Thebas, scripsit Mueller.
Gothingæ, 1836, in-8, br.

1007. De la composition symétrique du dialogue dans les tragédies d'Eschyle, par Weil. *Paris*, 1860, in-8, br.

1008. Die Wiederherstellung der Dramen des Æschylus, von Heimsoeth. *Bonn*, 1861, in-8, cartonné.

1009. Die indirecte Ueberlieferung des Æschylischen Textes, von Heimsoeth. *Bonn.*, 1862, in-8, cartonné.

1010. Sur Eschyle, par Adler, 1861 ; Kiehl, 1850 ; Weil, 1861 ; Walther, Dindorf, Franz, Thiersch, Wieseler, etc. = 14 opusc., in-4 et in-8, br.

1011. Sophoclis tragœdiæ septem., gr. et lat. *Henricus Stephanus*, 1568, in-4, d.-rel.
Au bas du titre, se trouve un envoi autographe.

1012. Tragédies de Sophocle, traduites par Boyer et Bellaguet. *Paris*, 1843, 4 part. en 1 vol., in-12, d.-rel.

1012 *bis*. De cantico Sophocleo Œdipi Colonæi, edidit Ritschelius. *Bonnæ*, 1862, in-4, br.

1013. Goettling. Dissertationes de Sophoclis Antigona, de Horatio, de Callimachi epigrammate, de anaglypho romano, de Aristotele, de Homeri iresiona. = 1859-60 = 9 parties en 1 vol. in-4, br.

1014. Du Philoctète de Sophocle, par Ch. Lenormant. *Paris*, 1855, in-8, br.

1015. Sur Sophocle, par Dindorf, Benloew, Lenormant, Sinner, Hermann, Doederlein, Forchhammer, Ulbrich, etc. = 8 pièces in- 4, et in-8, br.

1016. Euripidis tragœdiæ gr. et lat. *Paulus Stephanus*, 1602, 2 vol. in-4, d.-rel.

1017. Euripidis fabulæ gr. et lat., edidit Th. Fix. *Parisiis, Didot*, 1843, gr. in-8, d.-mar. v. = Euripidis fragmenta ; gr. et lat., collegit Wagner. *Parisiis*, 1846, gr. in-8, d. mar.

1018. Euripidis Phœnissæ gr. cum commentario edidit Geelius. Scholia antiqua adjunxit Cobet. *Lugd. Bat.*, 1846, in-8, br.

1019. Epistola de Euripidis Phaetonte, scripsit Rau. *Lugd. Bat.*, 1832, in-8, br.

1020. Morale d'Euripide, par Maignen. *Paris*, 1856, in-8, br.

1021. Sur Euripide, par Hermann, Glum, Fix, Burgess, etc. = 6 part. in 4 et in-12.

1022. Poetarum comicorum græcorum fragmenta, gr. et lat., recognovit Bothe. *Parisiis, Didot,* 1855,, gr. in-8, d.-rel. mar.

1023. Van Herwerden. Observationes criticæ in fragmenta-
comicorum græcorum. *Lugd. Bat.*, 1855, in-8, br.

1024. Observationes criticæ in Platonis comici reliquias. *Amst.*,
1840, in 8, br.

1025. Aristophanis comœdiæ, gr. et lat., cum scholiis edidit
Bisetus. *Aureliæ*, 1607, in-fol. v.

1026. Aristophanis comœdiæ, gr. et lat. *Parisiis, Didot,* 1860,
gr. in-8, d.-mar.=Scholia græca in Aristophanem. *Parisiis,*
1842, gr. in-8, d.-rel. mar.

1027. Blanchet. De Aristophane Euripidis censore. *Argentorati,*
1855, in-8, br. = Ménard. De sacra poesi Græcorum. *Pari-*
siis, 1860, in-8, br.=Wihl. Les Pelasges, 1757, in-8, br.

1028. La comédie des Nuées d'Aristophane, par Beving.
Bruxelles, 1844, in-8, br.

1029. Les nuées d'Aristophane, avec notes par Betant. *Genève,*
1858, in-8, br.

1030. De choro et carmine lyrico apud Aristophanem, scripsit
Marcou. *Parisiis,* 1859, in-8, br.=La deuxième édition des
Nuées d'Aristophane, par Egger. *Paris,* 1843, in-8, br. *rare.*

1031. Welcker. Aristophanes und Menander. *S. D.,* in-8, br.

1032. Ménandre. Étude historique et littéraire sur la comédie
et la société grecques, par Guillaume Guizot. *Paris,* 1855,
in-8, br.

1033. Étude sur Ménandre. *Paris,* 1854, in-8. br.

1034. Essai historique et littéraire sur la comédie de Ménandre, par Ch. Benoit. *Paris,* 1854, in-8, br.

1035. De Canticis in Romanorum fabulis scenicis, scripsit
Wolf. *Halæ,* 1824, in-4, br.

1036. Le poëte Attius. Étude sur la tragédie latine, par
Boissier. *Paris,* 1857, in-8, br.

1037. Plauti comœdiæ, cum notis variorum, suas adjecit
Naudet. *Parisiis, Lemaire,* 1830, 4 vol. in-8, d.-maroq. r.

1038. Plauti Trinummus, edidit Geppert. *Leipsig,* 1854, pet.
in-4, br. *Avec une lettre autogr.*

1039. Plauti Pseudolus, edidit Romeyn. *Daventriæ,* 1836,
in-8, br.

1040. Quomodo poetas græcos Plautus transtulerit, scripsit
Boissier. *Parisiis,* 1857, in-8, br.

1041. C. Wex. De Punicis Plautinis meletemata. *Lipsiæ.* 1839,
in-4, br.

1042. Sur Plaute, par Fleckeisein, 1842; Geppert, Ritschel, Sauppius, etc. 9 opusc. in-4 et in-8, br.

1043. Terentii comœdiæ, cum notis illustravit Lemaire. *Parisiis*, 1827, 3 tom. en 2 vol. in-8, d.-maroq. r.

1044. A. Senecæ opera tragica, commentariis illustravit J. Pierrot. *Parisiis, Lemaire,* 1829, 3 vol. in-8, d. v. ant.

1045. Statii comici poetæ deperditarum fabularum fragmenta, edidit Spengel. *Monachii,* 1829, in-4, br.

1046. Origines latines du théâtre moderne, publiées et annotées par Ed. Duméril. *Paris.* 1849, in-8, br.

1047. Les confrères de la passion, par Taillandier. *S. D.* in-8, br.

1048. Études historiques sur les clercs de la basoche, par Fabre. *Paris,* 1856, in-8, br.

1049. Essai sur les théories dramatiques de Corneille, par Lisle. *Paris,* 1852, in-8, br.

1050. De la langue de Corneille, par Marty Laveaux. *Paris.* 1861, in-8, br.=Corneille et ses contemporains, par Saint-René Taillandier. *Paris,* 1864, in-8. br.

1051. Les ennemis de Racine au xviie siècle, par Deltour. *Paris,* 1859, in-8, br.

1052. Mademoiselle Rachel à Saint-Pétersbourg, par Walther. *Saint-Pétersb.,* 1854, in-8, br., *tiré à petit nombre.*

1053. Notice sur Andrieux, par Taillandier. *Paris,* 1850, in-8, br.

1054. De Shakespeari tragœdiis e Plutarcho ductis, auct. Beaussire. *Gratianopoli,* 1855, in-8, br.

1055. Shakespeare, ses œuvres et ses critiques, par Mézières. *Paris, Charpentier,* 1860, in-8, br.

1056. Prédécesseurs et contemporains de Shakespeare, par Mézières. *Paris.* 1863, in-8, br.

1057. Meyer. Schiller's textes. *Nurnberg,* 1860, in-8, br.= Werner. The caracteristics of Schiller's dramas. *London,* 1859, in-12, br.

1058. Gedenkbuch an Schiller, von Wutlke. *Leipsig,* 1855, in-8, cartonné.

1059. Vie de Schiller, par Regnier. *Paris,* 1859, in-8, br.

E. FABLES ET ROMANS.

1060. Essai sur les rapports qui existent entre les apologues de l'Inde et ceux de la Grèce, par Wagener, 1852, in-4, br,

1061. Essai sur les fables indiennes, par Loiseleur-Deslongchamps. *Paris,* 1838, in-8, br.

1062. Essai sur les fables de La Fontaine, par Taine. *Paris,* 1853, in-8, br.

1063. Fables, par Carteret. *Paris,* 1862, in-12, br.

1064. Fables d'Iriarte, trad. par Ch. Brunet. *Paris,* 1838, in-12, br.

1065. Des romans dans l'antiquité grecque et latine, par Chassang. *Paris,* 1860, in-8, br.

1066. De fabulis Arcadiæ antiquissimis, scripsit Al. Bertrand. *Parisiis,* 1859, in-8, br.

1067. Erotici scriptores, gr. et lat. *Parisiis. Didot,* 1856, gr. in-8, d. mar. v.

1068. De Apuleio fabulorum scriptore et rhetore scripsit Goumy. *Paris,* 1859, in-8, br.

1069. Edelestan Duméril. De la légende de Robert le Diable, in-8, br.

1070. Du cycle populaire de Robin Hood (par Barry). *Paris,* 1832, in-8, br. *Rare.*

1071. Rosane. Désordre, crime et vertu par Anat. Gerber. *Paris,* 1832, in-8, d. mar. r.

1072. Album d'un pessimiste, par Rabbe. *Paris,* 1835, 2 vol. in-8, d.-rel. mar.

1073. Études sur la rédaction espagnole de l'Amadis de Gaule, par Baret. *Paris,* 1853, in-8, br.

1074. Philoclès. Imitation de Wieland. *Paris,* 1820, 2 t. en 1 vol. in-8, d.-mar. v., *fig.*

1075. Roméo, oder Erziehung und Gemeingeist, von Hoffmeister. *Essen,* 1834, 3 t. en 1 vol. in-12, d.-mar. r.

1076. Essai historique sur les Mille et une nuits, par Loiseleur-Deslongchamps. *Paris,* 1838, in-12, br.

1077. Silvestre de Sacy. Recherches sur les Contes des Mille et une nuits. 1829, in-8, br.

F. PHILOLOGIE.

1078. Commentaria seminarii philologici Gissensis, edidit Osannus. *Gissæ*, 1858, 6 parties in-4, br.

1079. Acta philologorum monacensium edidit Thiersch. *Monachii*, 1812-1820, 3 vol. pet. in-8, d.-mar. v.

1080. Museum philologicum et historicum, Th. Crenius collegit. *Lugd. Bat.*, 1699, 2 vol. in-12, v.

1081. Archiv für Philologie. *Helmsted*, 1824, in-8, d.-mar. v.

1082. Rheinisches Museum für Philologie, von Welcker und Nake. *Bonn*. 1832, 3 t. en 1 vol. in-8, d.-mar. v.

1083. Grundlinien zur Encyklopædie der Philologie, von Bernhardy. *Halle*, 1832, in-8, d.-rel. mar. v.

1084. Revue de philologie, de littérature et d'histoire. *Paris*, *Klincksieck*, 1845, 11 livraisons in-8, br.

1085. Censorinus. De die Natali liber, recensuit Otto Jahn. *Berolini*, 1845, in-8, br.

1086. Scaligeri opuscula varia. *Parisiis*, 1610, in-4 vélin.

1087. Fabricii opusculorum sylloge. *Hamburgi*, 1838, in-4 v.

1088. Tracts and miscellaneous criticisms of the late Richard Porson. *London*, 1815, in-8, cart.

1089. Miscellanea maximam partem critica, curaverunt Friedemann et Seebode. *Hildesiæ*, 1822, 2 t. en 1 volume in-8, d.-mar. r.

1090. Naekii opuscula philologica edidit Welcker. *Bonnæ*, 1842, in-8, br.

1091. Creuzeri opuscula selecta. *Lipsiæ*, 1854, in-8, br.

1092. Creuzer. Zur Geschichte der classischen Philologie. *Franckfort*, 1854, in-8, br.

1093. Zell. Opuscula academica latina. *Friburgi*, 1857, in-8, broché.

1094. Lectiones Stobenses congestæ à Jacobs. *Ienæ*, 1827, in-8, br.

1095. Notes critiques sur l'anthologie de Stobée, par Beving. *Bruxelles*, 1833, in-8, br.

1096. Dissertations sur diverses matières de religion et de philologie, par Tilladet. *Paris*, 1712, 2 vol. in-12, rel.

1097. Examen critique de l'histoire des classes ouvrières, de

Granier de Cassagnac, par J. P. Rossignol. *Paris*, 1839, in-8. br., *rare.*

1098. Essai sur l'histoire de la Philologie orientale en France par Vaïsse. *Paris*, 1844, in-8, br.

1099. Poggii dialogus an seni sit uxor ducenda, nunc primum edidit Shepherd. *Liverpooliæ*, 1807, in-8, br.
Facétie devenue rare.

1100. Erasmi adagiorum chiliades tres. *Tubingæ*, 1854, in-fol. vélin.

1101. Lettres, Récriminations, critiques, etc. Mary Lafon contre Guignaut, Guessard contre Genin, Genin contre Paulin-Paris, etc. 10 pièces in-8.

1102. L'œil typographique offert aux hommes de lettres. *Paris*, 1839, in-8, br., *pl.*
Facétie.

1103. Lettre de Moustafa Aga à Thaddée Bulgarin, trad. par Kouslouk Fouladi, marchand d'abricots confits. *Saint-Pétersbourg*, 1828, in-8, br.
Satire violente contre de Hammer.

G. ÉPISTOLAIRES.

1104. Phalaridis epistolæ, gr. et lat. 1597, pet. in-8 v.

1105. Philostrati epistolæ, edidit Boissonade. *Parisiis*, 1842, in-8, pap. vél., br.

1106. Aristœneti epistolæ gr. curante de Pauw. *Traj. ad. Rh.* 1737, pet. in-8, d.-rel.

1107. Examen de la dissertation de Bentley sur l'authenticité des lettres de Thémistocle, par Koutorga. *Paris*, 1861, in-8, broché.

1108. Fr. Hermann. Cicero und Marcus Brutus. Zur rechtfertigung..... Défense de l'authenticité de la correspondance conservée de ces deux grands hommes. *Gottingen*, 1845, 2 part. en 1 vol. in-4, cart.

1109. Plinii epistolæ, cum Schœferi notis quibus suas adjecit Lemaire. *Parisiis*, 1822, 2 vol. in-8, d. v. fauve.

1110. Polycarpi et Ignatii epistolæ, Usserius edidit. *Oxoniæ*, 1644, in-4 vél.
Avec la signature de Baluze.

1111. Die drei ächten und die vier unächten Briefe des Ignatius von Antiochien, gr. und deutsch, von Bunsen. *Hamburg*, 1847, in-4, br.

1112. Mémoire sur une lettre inédite adressée à la Reine Blanche par Léopold Delisle. *Paris*, 1856, in-8, br.

1113. Epistolarum Pauli Manutii libri XI. *Venetiis*, 1573, pet. in-8, d.-rel.

1114. Pauli Manutii epistolæ et præfationes. 1558. = In epistolas Ciceronis ad Atticum commentarius. *Venetiis*, 1557, 2 part. en 1 vol. pet. in-8.

1115. Les lettres de Philippe de Comynes aux archives de Florence, recueillies par Benoist. *Lyon*, 1863, in-8, br.
Imprimé par Perrin, et tiré à petit nombre.

1116. Correspondance de l'empereur Maximilien Ier et de Marguerite d'Autriche, 1507-1519, par Le Glay. *Paris*, 1839, 2 t. en 1 vol., d.-rel. mar. r.

1117. Lettres de Marguerite d'Angoulème, sœur de François Ier, reine de Navarre, publiées par Génin. *Paris*, 1841, gr. in-8, d.-rel. mar. v.

1118. Lettres inédites de Henri II, etc., publiées par Gail. *Paris*, 1818, in-8, br., *fac-simile*.

1119. Étude sur les lettres de Servat Loup, abbé de Ferrière, par Nicolas. *Clermont-Ferrand*, 1861, in-8, br.

1120. Billet italien de Mme de Sévigné et lettre de Mme de Grignan, publiés par de Montmerqué. *Paris*, 1844, in-8, br.

1121. Lettres écrites de Rome il y a cent ans (1748). *Genève*, 1848. In-8, br., *tiré à 20 exempl.*

1122. Lettre inédite de J.-J. Rousseau. *Paris*, 1832, in-8, br., *fac-simile*.

1123. Lettres inédites de Voltaire à Frédéric (publiées par Boissonade). *Paris*, 1802, in-8, br.
Volume devenu rare.

1124. Correspondance littéraire de Valbonnays, publiée par Ollivier Jules. *Valence*, 1839, in-8, br.

1125. Lettres de Napoléon à Joséphine. *Paris. Didot*, 1833, 2 vol. in-8, d.-rel. mar. r.

1126. Lettres du maréchal de Saint-Arnaud. *Paris*, 1855, 2 vol. in-8, br.

H. POLYGRAPHES.

1127. Plutarchi opera, gr. et lat. *Francofurti*, 1599, 2 vol. in-folio.

1128. Plutarchi vitæ, gr. et lat. *Parisiis. Didot,* 1846, 2 vol.
gr. in-8. = Plutarchi moralia, gr. et lat., 2 vol. gr. in-8. =
Ejusdem fragmenta. 1855, gr. in-8. = Ensemble 5 vol.
gr. in-8, d.-rel. mar.

1129. Sur Plutarque, par Held, Doehner, etc. 6 parties in-4.
et in-8.

1130. Luciani quæ supersunt opera, gr. et lat., edidit Dindorf. *Parisiis. Didot,* 1840, gr. in-8, d.-rel. mar.

1131. Philostratorum opera et Eunapii vitæ sophistarum edidit Boissonade, gr. et lat. *Parisiis. Didot,* 1849, gr. in-8,
d.-rel. mar.

1132. Ciceronis opera, cum notis et indicibus illustraverunt
Le Clerc, Bouillet, Lemaire, etc. *Parisiis,* 1827-32, 20 vol.
in-8, d.-mar., *portrait.*

1133. Ciceronis opera, edidit Orellius. *Turici,* 1826-28:
tomes I, II en 2 part., III, part. 1ʳᵉ, IV en 2 part. = Ensemble 6 vol. in-8, d.-rel.

1134. Semestrium ad Tullium Ciceronem scripsit Keller.
Turici, 1841, 2 vol. in-8, br.

1135. Sur Cicéron, par Halm, Jacob, Hermann, Gruber,
Moser, Putzius, etc. = 12 br. in-4 et in-8.

HISTOIRE.

A. GÉOGRAPHIE.

1. *Introduction. Géographie ancienne et moderne.*

1136. Bursching. Géographie universelle traduite. *Strasbourg,*
1768, 10 vol. pet. in-8, d.-rel., n. rog.

1137. Dictionnaire de géographie ancienne comparée, par
Guadet. *Paris,* 1820, 2 vol. in-8, d.-mar. v.

1138. Wörterbuch der alten und mittleren Geographie, von
Bischoff und Mueller. *Gotha,* 1829, gr. in-8, d.-mar. v.

1139. Dictionnaire géographique de Vosgien. *Paris,* 1830,
in-8, d.-mar. bl.

1140. Dictionnaire de géographie universelle et de noms
propres de personnes (all. et fr.), par Schmakenburg.
Leipzig. 1835, in-8, d.-mar. v.

1141. Notice des ouvrages de d'Anville, précédée de son
éloge (par Barbié du Bocage). *Paris,* 1802, in-8, br.

1142. Recherches sur la géographie ancienne et sur celle du moyen âge, par Walckenaer. *Paris, I. R.* 1822, gr. in-4, br.

1143. Sur la Géographie ancienne et comparée, par Jomard et autres. = 20 monographies in-8.

1144. Alfred Maury. Rapport sur le progrès des sciences géographiques de 1856 à 1860. *Paris,* 1857-1860, 4 part. in-8, br.

1145. Fragments sur divers sujets de géographie, par Jomard. *Paris,* 1857, in-8, br.

1146. Geographie der Griechen und Römer, von Mannert. *Leipzig,* 1829, 10 t. en 14 vol. in-8, d.-rel. mar. r., *cartes.*

1147. Geographia Græcorum antiquissima auctore Hanriot. *Napoleonop.,* 1853, in-8, br.

1148. Cl. Ptolemæi Geographiæ libri, gr. et lat. edidit Wilberg. *Essendiæ,* 1838 à 1845, 6 part. gr. in-4, cart.
Tout ce qui a paru.

1149. Ptolemy's knowledge of Arabia, by W. Plate. *London,* 1845, in-8, br.

1150. Restitution de deux passages du texte grec de la géographie de Ptolémée, par d'Avezac. 1862, in-8, br.

1151. Strabonis geographica, gr. et lat., edidit Dübner. *Parisiis. Didot,* 1853, 2 vol. gr. in-8 et atlas de 15 cartes coloriées.

1152. Kramer. De codd. mss. Strabonis. *Berolini,* 1840, in-4, broché.

1153. Plutarchi libellus de Fluviis, recensuit Hercher. *Lipsiæ,* 1851, in-8, br.

1154. Geographi græci minores gr. et lat., notas adjecit Gail. *Parisiis,* 1826, 3 vol. in-8, d.-rel. mar. r.

1155. Geographi græci minores, edidit Muellerus, gr. et lat. *Parisiis, Didot,* 1855, 2 vol. gr. in-8, d.-rel. mar.

1156. D'Avezac. Grands et petits géographes grecs et latins. *Paris,* 1856, in-8, br. = Expédition de Béthencourt aux Canaries, 1846. = Cartes historiées, 1844. = Les îles fantastiques au moyen âge, 1845. = Esquisses de l'Afrique, 1837. = 6 pièces in-8° br.

1157. Dionysii Alexandrini et Pomp. Melæ situs orbis descriptio. *H. Stephanus,* 1577, in-4, rel.
Avec la signature Duret sur le titre.

1158. Peutingersche Tafel, von Brigobanne bis Abusena, von Schmidt. *Berlin,* 1844, in-8, br.

1159. Découverte de la position des villes sabates et explication des itinéraires anciens, par Ernest Desjardins. *Rome*, 1859, in-8, br.

1160. Climatologie comparée de l'Italie et de l'Andalousie ancienne, par Dureau de La Malle. *Paris*, 1849, in-8, br.

1161. Selinus und sein Gebiet, von Rheinganum. *Leipsig*, 1827, in-8, cartonné.

1162. Géographie ancienne de la Macédoine, par Desdevises du Dézert. *Paris*, 1862, in-8, br.

1163. Sur la séparation primitive des bassins de la mer Morte et de la mer Rouge, par Letronne. *Paris*, 1839, in-8, br.

1164. Recherches sur l'histoire et la géographie de la Mésène et de la Characène, par Saint-Martin. *Paris*, 1837, in-8, br.

1165. Mémoires géogr. sur la Babylonie ancienne et moderne, par Et. Quatremère. *S. d.*, in-8, br.

1166. Le nord de l'Afrique dans l'antiquité grecque et romaine, par Vivien de Saint-Martin. *Paris, I. I.*, 1863, gr. in-8, br.

1167. Dureau de La Malle. Recherches sur la topographie de Carthage avec notes, par Dusgate. *Paris*, 1835, in-8, br.

1168. Atlantische Chorographie, von Bormann. *Halle*, 1852, in-8, br.

1169. Die Atlantis nach griechischen und arabischen Quellen, von Noroff. *Saint-Pétersbourg*, 1854, in-8, br.

1170. Henri Martin. Examen d'un mémoire de Letronne, sur la géographie ancienne. *Paris*, 1854, in-8, br.

1171. Zur Erdkunde des alten Ægyptens, von Parthey. *Berlin*, 1859, in-4, cart., *16 planches*.

1172. Abrégé de géographie, par Malte-Brun, revu par Huot. *Paris*, 1838, gr. in-8, d.-rel, mar. *Cartes et figures*.

1173. Dictionnaire géographique de la Perse par Barbier de Meynard. *Paris*, 1861, gr. in-8, br. neuf.

1174. Lassenii commentatio geographica de Pentapotamia Indica. *Bonnæ*, 1827, in-4, br.

1175. Mémoire sur la carte de l'Asie centrale et de l'Inde, par Vivien de Saint-Martin. *Paris, I. I.*, 1858, in-8, br.

1176. Étude sur la géographie de l'Inde, par Vivien de Saint-Martin. *Paris*, 1860, in-8, br.

1177. Notice sur l'archipel de Jean Potocki dans la mer Jaune, par Klaproth. *Paris*, 1820, in-4, br.

1178. Pauthier. Le pays de Tanduc et les descendants du pré

tre Jean. *Paris*, 1862. = Marco Polo, biographie, in-8, br.

1179. Géographie d'Aboufelda, traduite de l'arabe en français, par Reinaud. (Tome 1ᵉʳ et 2ᵉ. prem. part.) *Paris, I. N.*, 1848, 2 vol. in-4, br.

1180. Notice sur les Gallas de Limmou (par Jomard). *Paris*. 1839, in-12, pap. fort, br., carte.

1181. Géographie physique de la mer Noire, de l'intérieur de l'Afrique et de la Méditerranée par Dureau de La Malle. *Paris*, 1807, in-8, d. mar. v.

2. *Atlas et cartes.*

1182. Coup d'œil historique sur la projection des cartes de géographie, par d'Avezac. *Paris*, in-8, br.

1183. Reichardi orbis terrarum antiquus. *Norimbergæ*, 1830, in-4, obl. broché.

×1184. Orbis Romanus delineatus a Lapie. *Lutetiæ*, 1834, 9 feuilles in-fol.

Atlas des itinéraires anciens du marquis de Fortia d'Urban.

1185. Atlas der alten Welt, von Kiepert. *Weimar*, 1854, in-4, obl., *16 planches*.

×1186. Atlas novus, a Matthæo Seutter. *Aug. Vind. S. a.*, 50 planches in-fol. coloriées.

1187. Nouvelle carte de France par les officiers d'état-major, carte d'assemblage, in-fol. sur toile.

1188. NOUVELLE CARTE DE LA FRANCE, dressée par les officiers d'état-major, sous la direction du général Pelet, 1846-64, 185 ff. in-fol. collées sur toile, plus la carte d'assemblage.

Cette carte se compose des nᵒˢ 1 à 38, 40 à 83, 85 à 95, 98, 100 à 109, 111 à 164, 166 à 172, 175, 177, 178, 180 à 182, 191 à 194, 202 à 204, 214, 215, 226, 238, 250, 255, 258.
Elle est publiée au prix de 7 fr. la feuille, soit 1,295 fr.

1189. Cartes de divers départements de la France publiées par les officiers d'état-major, 19 cartes collées sur toile.

1190. Algérie. Carte des officiers d'état-major, 1 feuille in-fol.

1191. Algérie. Cartes publiées par les officiers d'état-major, 20 cartes collées sur toile.

1192. Carte de la Kabylie par les officiers d'état-major, 1857, 6 feuilles in-fol.

1193. 50 cartes géographiques modernes, dont la carte de la Grèce en 20 feuilles, la carte de l'Algérie, etc., etc.

1194. Italie, Grèce, Turquie, 20 cartes collées sur toile.

1195. Kiepert. Carte de l'Asie Mineure, 6 cartes in-fol. collées sur toile.

1196. Carte de la Perse par Lapie, 6 feuilles collées sur toile.

B. VOYAGES.

1197. Dicearchi, Hannonis periplus et Nicephoris Blemmidæ geographia gr., cum Lucæ Holstenii notis, edidit Manzi. *Romæ*, 1819, in-4, br.

1198. Arrian's voyage round the Euxine sea, to which are added three discourses. *Oxford*, 1805, in-4, br.

1199. Le périple de la mer Noire, par Arrien, mémoire par Chotard. *Paris*, 1860, in-8 br.

1200. Périple de Marcien d'Héraclée, publié par Miller. *Paris*, I. R., 1839, gr. in-8, d. mar. r.

1201. Notice des découvertes faites au moyen âge dans l'Océan atlantique antérieurement au xve siècle, par d'Avezac. *Paris*, 1845, in-8, br.

1202. Tour du monde, ou voyages du rabbin Pethachia dans le xiie siècle, hébreu et français, par Carmoly. *Paris*, 1831, in-8, br.

1203. Guides à Londres, en Suisse, etc., 5 vol. in-12, cart. et broché.

1204. L'Hermès marseillais. *Marseille*, 1826. in-12 d. mar. v.

1205. Voyage en Savoie et à Gênes, par Millin. *Paris*, 1816, 2 vol. in-8, d. mar.

1206. Die Romische Campagne, von Westphal. *Berlin*, 1829, in-4, br.

1207. Voyage de Naples à Amalfi, par le comte d'A. *Paris*, 1829, in-12 br.

1208. Voyage en Sicile, par Bourquelot. *Paris, Garnier*, 1848, in-12 br.

1209. Mueller. Voyage en Grèce, 1822. = Didot. Voyage dans le Levant. = 2 part. en 1 vol. in-8, d.-rel.

1210. Brondsted. Reisen in Griechenland (Erstes Buch). *Stuttgart*, 1826, gr. in-4, cartonné.

1210 bis. Voyages et recherches dans la Grèce, par Brondsted. *Paris, Renouard*, 1826, 2 vol. in-fol. cart. *figures*.

1211. Wissenschaftliche Reise, von Fleck. *Leipsig*, 1837, 3 t. en 2 vol. in-8, d. mar. v. *figures*.

1212. Reisen im Peloponnes, von Ludw. Ross. *Berlin*, 1841, 3 vol. in-8, br.

1213. Stephani, Reise durch nordlichen Griechenlandes. *Leipsig*, 1843, in-8, br.

1214. Reisen des Kœnigs Otto in Griechenland, von Ross. *Halle*, 1848, 2 t. en 1 vol. in-8, d.-r. v.

1215. D'Athènes à Corinthe, par E. Burnouf. *Paris*, 1856, in-8, br.

1216. Voyage archéologique en Grèce, par Philippe Le Bas, ouvrage continué par M. Ch. Waddington. *Paris*, 1847-1864, 54 livr. gr. in-4, br. Complet.

1217. Bondelmontii librum insularum archipelagi edidit de Sinner. *Lipsiæ*, 1824, in-8, cart.

1218. Excursions in the mediterranean, by Temple. *London*, 1835, 2 vol. in-8, cart., *fig. color*.

1219. Huit jours dans l'île de Candie, par Bourquelot. *Paris*, 1863, in-8, br.

1220. Le Ghilan ou les marais caspiens, par Al. Chodzko. *Paris*, 1850, in-8, br.

1221. Sketches on a tour to Copenhagen through Norway and Sweden, by Wolf. *London*, 1814, in-4, cart.

1222. Linné. Reisen durch Zeland und Gothland. *Halle*, 1764, in-8, d.-r.

1223. Correspondance et mémoires d'un voyageur en Orient, par Eugène Boré. *Paris*, 1840, in-8, d.-rel. m.

1224. Reise in dem Orient, von Tischendorf. *Leipsig*, 1846, 2. t. en 1 vol. in-8, d. r. m.

1225. Voyage en Orient, par Regnault, *Paris*, 1855, in-8, br.

1226. Voyages de Tavernier en Turquie, en Perse et aux Indes. *Paris*, 1810, 3 vol. in-12, d. r. m. r. *fig*.

1227. Corancez. Itinéraire d'une partie peu connue de l'Asie Mineure. *Paris*, 1816, in-8, d. m. r.

1228. Journal of a tour in Asia Minor by Martin Leake. *London*, 1824, in-folio, r., cartes.

1229. La Palestine, le Jourdain et la mer Morte, par de Saulcy. *Paris*, 1854, in-8, br.

1230. Voyage de la côte de Malabar, par Heude, trad. de l'anglais. *Paris*, 1820, in-8, d. m. r. *fig. color*.

1231. Relation des Mogols ou Tartars, par du Plan de Carpin. publié par d'Avezac. *Paris*, 1838, in-4, br.

1232. La ville de Petra et le pays des anciens Nabathéens, par Alexandre de Laborde. 1828. = Journal d'un voyage dans le Fayoum, par Léon de Laborde, 1828, in-8, br.

1233. Laborde (Léon de). Voyage dans l'Arabie pétrée. *Paris*, 1830, gr. in-fol. d.-r. m. v. *fig.*

1234. Lepsius. Briefe aus Ægypten, Æthiopen und der Halbinsel des Sinaï. *Berlin*, 1852, in-8, d. m. v. *fig.*

1235. Voyage de Lepsius dans la presqu'île de Sinaï, trad. par Pergameni. *Paris*, 1847, in-8, br.

1236. Voyage à l'oasis de Thèbes, par Caillaud. *Paris*, 1821, 2 part. in-fol., *texte et pl.*

1237. Campagne pittoresque du Luxor, par de Joannis. *Paris*, 1835, in-8, br. et atlas de 18 *pl.*

1238. Voyage en Abyssinie, par Salt, trad. en franç. *Paris*, 1816, 2 vol. in-8, d. c. de R. 32 *pl.*

1239. Voyage en Abyssinie, analyse critique, par Léon Delaborde. *Paris*, 1838, in-8, br.

1240. Voyage aux sources du Nil Blanc, par Selim Bimbachi. S. d., in-8, br.

1241. Sur le voyage au Darfour, suivi d'un vocabulaire, par Jomard. *Paris*, 1845. in-8, br.

1242. Voyage à Alger, par Rozet. *Paris*, 1833, 3 vol. in-8, d. m. r. et atlas in-fol.

1243. Voyage d'Alger aux Ziban en 1847, par le docteur Guyon. *Alger*, 1852, in-8, d.-r. et atlas in-4.

1244. Voyage archéologique dans la régence de Tunis en 1860, par V. Guérin. *Paris*, 1862, 2 vol. in-8, br.

1245. Histoire véritable d'un voyage curieux fait par Schmidel (au Paraguay), publié par Ternaux. *Paris*, 1837, in-8, d.-rel.

1246. Voyage au Vénézuela, par Federman le jeune, d'Ulm. *Paris*, 1837. = Histoire d'Amérique, par Hans Staden. = Histoire de Santa-Cruz, par de Gandavo. 3 part. en 1 vol. in-8, d.-r. m. v.

C. CHRONOLOGIE, HISTOIRE UNIVERSELLE.

1247. Les fastes universels, par Buret de Longchamps. *Paris*, 1821, gr. in-fol. obl., d.-r.

1248. Ideler. Handbuch der mathematischen und technischen Chronologie. *Berlin*, 1825, 2 vol. in-8, d.-r. m. v.

1249. Annuaire chronologique universel pour 1834, par Cauchois. *Paris*, 1835, in-8, d. m. r.

1250. Justini historiæ, notis illustravit Lemaire. *Parisiis*, 1823, in-8, d. m. r.

1251. Johannis Aventini chronica (all.). *Francof.*, 1566, in-fol. vél.

1252. Ludg. Gottfrieds Chronick, oder Beschreibung der merkwürdigsten Geschichte. *Francfort am Mein*, 1743, 8 livres en 1 vol. gr. in-fol. v.
359 planches gravées par Mérian.

D. HISTOIRE ANCIENNE.

1. *Histoire de divers peuples anciens.*

1253. Sanchoniathon's phœnizische Geschichte, von Philo von Byblos. *Lubeck*, 1837, in-8, br.

1254. Die Phœnizier, von Movers (vol. I.). *Bonn.*, 1841, in-8, d.-r.

1255. Flavii Josephi opera, gr. et lat. recognovit Dindorf. *Parisiis, Didot*, 1845, 2 vol. gr. in-8, d. m. r.

1256. Corpus scriptorum veterum qui de India scripserunt edidit Schauffelberger (fasc. 1). *Bonnæ*, 1835, pet. in-4, broché.

1257. Recherches pour servir à l'histoire de l'Égypte, par Letronne. *Paris*, 1823, in-8, d.-r.

1258. Aug. Bœckh. Manetho, zur Geschichte der Pharaonen. *Berlin*, 1845, in-8, br.

1259. De administratione Ægypti macedonica, edidit Franzius, *Berolini*, 1846, in-4, br.

1260. J. Saint-Martin. Défense de la chronologie des annales des Lagides de Champollion. *Paris*, 1820, in-8, br.

1261. Mémoires sur la chronologie et l'iconographie des rois Parthes Arsacides, par de Longpérier. *Paris*, 1858, in-4, br.

1262. Recherches sur la chronologie des empires de Ninive, de Babylone et d'Ectabane, par de Saulcy. *Paris*, 1849. in-8, br.

2. *Histoire grecque.*

1263. Pausaniæ descriptio Græciæ, gr. et lat. *Parisiis, Didot,* 1845, gr. in-8, d. m. v.

1264. Herodoti historiarum libri ix, gr. et lat. *Parisis, Didot,* 1844, gr. in-8, d. m.

1265. Thucydidis historiæ, gr. et lat. *H. Stephanus,* 1588, in-fol., d. r.

1266. Thucydidis historia, gr. et lat., ed. Haase. *Parisiis, Didot,* 1840, gr. in-8, d. mar. r.

1267. Beitraege zur Erklaerung des Thukidides, von Ullrich. *Hamburg,* 1846, in-4, br.

1268. Haase. Lucubrationes Thucydideæ. *Berolini,* 1841, in-8, br.

1269. Xenophontis scripta quæ supersunt, gr. et lat. *Parisiis, Didot,* 1836, gr. in-8, d.-rel. mar.

1270. Diodori Siculi bibliotheca, gr. et lat., edidit Mullerus. *Parisiis,* 1842, 2 vol. gr. in-8, d. mar. v.

1271. Arriani Anabasis et Indica, gr. et lat., edidit Mueller. *Parisiis, Didot,* 1846, gr. in-8, d. mar. r.

1272. Megasthenis Indica, fragmenta collegit Schwœnbeck. *Bonnæ,* 1846, in-8, br.

1273. Q. Curtius. De rebus gestis Alexandri, cum notis variorum, edidit Lemaire. *Parisiis,* 1822, 3 vol. in-8, *fig.,* d. m. v.

1274. Luciani Alexander, gr. notas adjecit Jacob. *Coloniæ,* 1827, in-8, br.

1275. Historicorum gr. fragmenta, edidit Wyttembach. *Amst.* 1794, in-8, d. mar. citr.

1276. Fragmenta historicorum græcorum, edidit Mueller. *Parisiis,* 1841, 4 vol. gr. in-8, d.-rel. mar. v.

Suite de l'Histoire grecque.

1277. Histoire des temps héroïques de la Grèce, par Adler-Mesnard. *Paris,* 1846, in-12, d.-rel.

1278. Les Pélasges, par Louis Wihl. *Paris,* 1857, in-8, br.

— 78 —

1279. Bergmann. Les Amazones dans l'histoire et dans la fable. *Colmar, s. d.*, in-8, br. = Les Aventures de Thor, trad. de l'Edda. *Colmar*, 1853, in-8, br.

1280. Geschichte der Amazonen, von Nagel. *Stuttgart*, 1838. in-12, br.

1281. Les Sémites à Ilion, ou la Vérité sur la guerre de Troie, par Benloew. *Paris*, 1863, in-8, br.

1282. Zur Geschichte hellenischer Staatsverfassungen, von Kortum. *Heidelberg*, 1821, in-8, fl. m. v.

1283. Thucydide, par Jules Girard. *Paris, Charpentier*, 1860, in-12. br.

1284. Vierthaler. Geschichte der Griechen. *Wien*, 1818, 2 t. en 1 vol. in-8. br,

1285. Recherches critiques sur l'histoire de la Grèce pendant la période des guerres médiques, par de Koutorga. *Paris*. I. I., 1861, in-4 br.

1286. Geschichte Alexanders des Grossen, von Droysen. *Hambourg, s. d.*, in-8, d.-rel. mar.

1287. De Alexandri expeditionibus oxanis commentatio, auctore C. Meun. 1839, in-8, br., *cartes*.

1288. Nouvelles recherches sur l'époque de la mort d'Alexandre, par J. de Saint-Martin. *Paris*, 1820, in-8, br.

1289. Ideler. Ueber das Todesjahr Alexanders des Grossen. *Berlin*, 1821, in-4, br.

1290. Polybe, ou la Grèce conquise par les Romains, par Fustel de Coulanges. *Amiens*, 1858, in-8, br.

1291. Libertati apud veteres Græciæ populos quid defuerit? scripsit Reynald. *Parisiis*, 1856, in-8, br.

1292. Macedonica, scripsit Tafel. in-8, br.

1293. Historia Thessalonicæ, scripsit Tafel. *Tubingæ*, 1835, in-4, br.

1294. Hisely. Disputatio de historia Cappadociæ, *carte*, = Tafel. Historia Thessalonicæ. *Tubingæ*, 1836. = Supplementa historiæ ecclesiasticæ Græcorum, sæc. XI-XII. = De Hammer. De historiæ byzantinæ scriptoribus, 1825. = Witte. Basilicorum titulus, 1826 = etc. = 6 part. in-4, en 1 vol., d.-rel. mar.

1295. De bello sacro Phocensi, auctore Boot. *Lugd. Bat.*, 1836, in-8, br.

1296. Anecdota delphica, edidit Ern. Curtius. *Berolini*, 1843, in-4, br., *2 planches*.

1297. Forchhammer. Topographia Thebarum heptapylarum.
   Kiliæ, 1854, in-4, cart., *carte.*

1298. Corinthiorum mercaturæ historiæ particula, auctore
   Barth. *Berolini*, 1845, in-8, cart.

1299. De Gytheo et Lacedæmoniorum rebus navalibus, scribebat Weber. *Heidelbergæ*, 1833, in-8, br.

1300. Das alte Megaris, von Rheinganum. *Berlin*, 1825
   in-8, cart.

1301. De Abderitarum rebus commentatio, scripsit Vlangali.
   Berolini, 1854, in-8, pap. vél., cart,

1302. Mémoire sur les origines et la décadence de la démo-
   cratie athénienne, par Filon. *Paris*, 1853, in-8, br.

1303. Pittakys. L'ancienne Athènes, ou description des antiquités d'Athènes. *Athènes*, 1835, in-8, d.-rel.
   > Livre rare; l'auteur, conservateur au musée d'Athènes, est mort
   > récemment.

1304. Die demen von Attika, von Leake. *Braunschweig*, 1840,
   in-8, br.

1305. Die demen von Attika, von Ross. *Halle*, 1846, in-4, br.

1306. Recherches sur la topographie des dèmes de l'Attique,
   par Henriot. *Napol.-Vendée*, 1853, in-8, br.

1307. Leake's Topographie von Athen. *Halle*, 1828, in-8, d.
   mar. v. *9 cartes et figures.*
   > Cette traduction allemande, de Rienaeker, contient les notes de
   > Karl Ottfried Mueller.

1308. Zur Topographie Athens, von Forchammer und Mueller. *Gottingen*, 1833, in-8, br.

1309. Die Acropolis von Athen, von Curtius. *Berlin*, 1844,
   in-8, br.

1310. Ussing. De Parthenone ejusque partibus. *Hauniæ*,
   1849, etc., *3 parties en 1 vol.* br. in-4.

1311. Ern. Curtii de portubus Athenarum commentatio.
   Halis, 1842, in-8, br., *carte.*

1312. Creuzeri oratio de civitate Athenarum omnis humanita-
   tis parente. *Francof.*, 1826, in-8, br.

1313. De Societatis atticæ origine atque institutis, auctore
   Kortum. *Heidelbergæ*, 1844, in-4, br.

1314. De gentibus et familiis Atticæ sacerdotalibus, disseruit
   Bossler. *Darmstadii*, 1833, in-4, br.

1315. Études sur le Péloponèse, par E. Beulé. *Paris, Didot,*
   1855, gr. in-8, br.

1316. De Ulyssis Ithaca, scripsit Gandar. *Parisiis*, 1854, in-8, br.

1317. Olympia, von Curtius. *Berlin*, 1852, in-8, br.

1318. Le mont Olympe et l'Acarnanie, par Heuzey. *Paris*, 1860, gr. in-8, d. mar., *figures*.

1319. Mémoire sur le Pélion et l'Ossa, par Mézières. *Paris*, I. I., 1853, in-8, br.

1319 *bis*. Étude sur l'île de Rhodes, par Guérin. *Paris*, 1856, in-8, br.

1320. Naxos, von Curtius. *Berlin*, 1846, in-8, br.

1321. Mémoire sur l'île d'Eubée, par Girard. 1850, in-8, br.

1322. Historia reipublicæ Massiliensium, scripsit Ternaux. *Gottingæ*, 1826, in-4, br.

3. *Histoire romaine.*

Auteurs anciens.

1323. Prologus in librum de Magistratibus romanis, auctore Hase. *Parisiis*, 1812, in-8, br.

1324. Incerti auctoris sacerdotiorum et magistratuum populi romani expositiones ineditæ, edidit Huschke. *Vratislaviæ*, 1829, in-8, br.

1325. Ritschel. Sur Denys d'Halicarnasse. 1837-38, 3 br. in-4.

1326. Polemii Silvii Paterculus, edidit Mommsen. *S. d.*, in-4, br.

1327. Titus Livius, ex emendatione Caroli Alschefski. *Berolini*, 1843-44, 4 part. en 3 vol. in-8, cart.

1328. A. Flori epitome rerum romanarum, novam interpretationem subjunxit Lemaire. *Parisiis*, 1827, in-8, d. m. v.

1329. Velleius Paterculus, notis illustravit Lemaire. *Parisiis*, 1822, in-8, d. m. r.

1330. Appiani romanarum historiarum quæ supersunt, gr. et lat. *Parisiis, Didot*, 1840, gr. in-8, d. mar.

1331. Sallustius, cum novis comment., curante Burnouf. *Parisiis, Lemaire*, 1821, in-8, d. v., *figures*.
Rare. Exemplaire en papier vélin.

1332. Sallustii quæ exstant, edidit Gerlach (vol. III). *Basileæ*, 1831, in-4, d.-rel. mar.

1333. Cæsar, cum eruditorum notis, quibus suas adjecerunt

Achaintre et Lemaire. *Parisiis,* 1819-22, 4 vol. in-8, d. m.
v. *Cartes.*
Rare.

1334. La flotte de César, étude sur la marine ancienne, par
Jal. *Paris,* 1861, in-8, br.

1335. Loci Cæsaris de bello civili explicati, auctore Schneider. 1859, in-8, br. = Cæsaris eloquentia, auctore Lisle.
1852, in-8, br.

1336. Die Rechtsfrage zwischen Cæsar und dem Senat, von
Mommsen. *Breslau,* 1857, in-4, br.

1337. Nicolas de Damas. Vie de César, texte et trad. de Didot
fils. *Paris,* 1850, in-8, br.

1338. C. Tacitus, publicavit Oberlin, addit. subjunxit J. Naudet. *Parisiis, Lemaire,* 1819, 6 tomes en 5 vol. in-8, d. m.
v. *Rare.*

1339. Taciti Agricola, edidit Dronke. 1824. = Taciti De situ
et moribus Germaniæ, edidit Kiessling. 1832. = Taciti Ger-
mania, edidit Gerlach. 1835, = etc. = 6 parties en 1 vol.,
d.-rel.

1340. Tacite. La Germanie : Examens littéraires de cet ouvrage, par Quatremère de Quincy, Champollion, Tissot, etc.
In-4, d.-rel.

1341. Sur Tacite, par Jullien, Schopen, Petersen, Halm,
Thiersch, etc., 6 br. in-4 et in-8.

1342. Examen des deux traductions de Tacite. *Paris, s. d.,*
in-8, br.
Pamphlet contre la trad. de Burnouf.

1343. Suetonius, notis variorum novisque illustravit Hase.
Parisiis, Lemaire, 1828, 2 vol. in-8, portr., d. m. r.

1344. Beckeri Quæstiones criticæ de Suetonii Vita Cæsarum.
Memeli, 1862, in-4, br.

1345. Dionis Cassii librorum perditorum Fragmenta, edidit
Haase. *Bonnæ,* 1839, in-8, br.

Suite de l'Histoire romaine.

Auteurs modernes.

1346. Essai sur la topographie du Latium, par Ern. Desjar
dins. *Paris,* 1854, in-4, br. *Figures.*

1347. Beschreibung der Stadt Rom, von Platner, Bunsen, Gerhard, etc. *Stuttgart,* 1830-1834, 6 vol. in-8 de texte et 2 atlas.

Exemplaire complet.

1348. Beschreibung der Stadt Rom, von Platner, Bunsen, etc. *Stuttgart,* 1830, 2 tomes en 3 vol. in-8, d.-rel. mar. et 2 atlas.

1349. Essai sur Rome ancienne, par Noël Desvergers. *Paris,* 1851, in-8, br.

1350. Die Geschichtschreiber der Roemer, von Gerlach. *Stuttgart,* 1855, in-12, cart.

1351. Geschichte Roms, von Drumman. *Kœnigsberg,* 1834, 6 tomes en 3 vol. in-8, d. mar. v.

1352. Zur Römischen Geschichte und Alterthumskunde, von Creuzer. *Leipsig,* 1836, in-8, br.

1353. Histoire romaine, par Michelet. *Paris,* 1831, 2 vol. in-8, d.-rel. mar. v. *Rare.*

1354. Économie politique des Romains, par Dureau de La Malle. *Paris,* 1840, 2 tomes en 1 vol. in-8, d.-rel. mar. v. *Rare.*

1355. Die Römischen Tribus, von Mommsen. *Altona,* 1844, in-8, br.

1356. Mémoire sur la position de la roche Tarpéienne, par Dureau de La Malle. In-8, br.

1357. Examen du passage de Cicéron sur les Centuries de Servius Tullius, par de Golbery. *Strasbourg,* 1840, in-8, br. *Rare.*

1358. Idea hierarchiæ romanæ, scripsit Estrup. *Hauniæ,* 1817, pet. in-8, cart.

1359. Essai sur la guerre sociale, par Pr. Mérimée. *Paris,* 1841, in-8, br.

1360. De Caseaux. De la marche d'Annibal du Rhône en Italie. = Larenaudière. Dissert. de Alpibus ab Hannibale superatis. 1823. = Fortia d'Urban. Sur le passage des Alpes par Annibal. 1819. = 4 parties en 1 vol. in-8, br.

1361. Die Römische Chronologie bis auf Cæsar, von Mommsen. *Berlin,* 1858, in-12, br.

1362. État du monde romain, vers le temps de la fondation de l'Empire, par V. Duruy. *Paris,* 1853, in-8, br.

1363. De Senatu Romano sub Imperatoribus, scripsit Duméril. *Lutetiæ,* 1856, in-8, br.

1364. De ratione in Imperio romano ordinando ab Hadriano

imperatore adhibita, dissert. scripsit Caillet. *Parisiis,* 1857, in-8, br.

1365. Flemmer. De itineribus et rebus gestis Hadriani Impe-ratoris. *Hauniæ,* 1836, in-8, br.

1366. Le géant Valens, par J. de Witte. *Paris,* 1850, in-8, br. fig. *Tiré à cent exempl.*

1367. Mémoire sur l'impératrice Salonine, par de Witte. *Bruxelles,* 1852, in-4, br.

1368. De quelques empereurs romains qui ont pris les attri-buts d'Hercule, par J. de Witte. *Paris,* 1845, in-8, br. *figures.*

1369. Chotard. Quid ad historiam conferat Claudianus, 1860, in-8, br. = Michon. Quid Libycæ geographiæ auctore Pli-nio Romani contulerint, 1859, in-8, br.

1370. Geschichte der Stadt Rom, im Mittelalter. *Stuttgart,* 1859, 2 t. en 1 vol., in-8, d. mar. v.

4. *Histoire byzantine, Histoire des Huns, des Wisigoths et Wandales.*

1371. Constantinus Porphyrogenetus. De provinciis Regni By-zantini, edidit Tafel. *Tubingæ,* 1847, in-4, br.

1372. Theophanis Chronographia, edidit Tafel, 1852, in-8, br.

1373. Georgii Monachi Chronographia, gr. et lat. *Parisiis,* 1652, in-fol. v. br. *gr. papier.*

1374. Leonis Diaconi Historia, gr. et lat. edidit Hase. *Parisiis,* 1819, in-fol. cartonné.

1375. Cantacuzeni Historiæ; gr. et lat., curavit Schopen. *Bonnæ,* 1828-31, 2 vol. in-8, d. maroq. r.

1376. Le dernier des Césars, ou la chute de l'Empire romain d'Orient. *Paris,* 1819, in-8, d. mar. v.

1377. Conjectaneorum byzantinorum libri ii, scripsit Mulla-chius. *Berolini,* 1852, in-8, br.

1378. Corpus scriptorum historiæ byzantinæ. *Venetiis,* 1729, 26 vol. in-fol., veau fauve, *reliure uniforme.*

> Très-bel exemplaire; il contient les auteurs suivants : *Banduri,* Im-perium orientale; *Du Cange,* Familiæ byzantinæ; *Procope,* Ar-cana historia; *Villehardouin,* etc., qui tous sont devenus rares. M. Hase a ajouté au tome 1er une table manuscrite de tous les auteurs.

1379. Le palais impérial de Constantinople et ses abords, Sainte-Sophie, le forum et l'hippodrome, tels qu'ils existaient au xᵉ siècle, par Jules Labarte. *Paris*, 1861, gr. in-4, d.-rel., *cartes*.

1380. Geschichte des Kaiserthums von Trapezunt, von Fallmerayer. *Munchen*, 1827, in-4, br.

1381. Les Huns blancs des historiens byzantins, par Vivien de Saint-Martin. *Paris*, 1849, in-8, br.

1382. Geschichte der Westgothen, von Aschbach. *Francfurt*, 1827, in-8, d.-rel. m. v.

1383. Histoire des Wandales, par Marcus. *Paris*, 1837, in-8, d. mar. v.

1384. Les Gètes, ou la filiation des Scythes aux Gètes et des Gètes aux Germains démontrée, par Bergmann. *Strasbourg*, 1859, in-8, br.

E. HISTOIRE MODERNE.

1. *Histoire générale de l'Europe.*

1385. Essais d'appréciations historiques, par Berger de Xivrey. *Paris*, 1837, 2 t. en 1 vol. in-8, d. mar. v.

1386. Ozanam. Les Germains avant le christianisme. *Paris*, 1847. = La civilisation chrétienne chez les Francs. *Paris*, 1849, 2 t. en vol. in-8, d.-rel. mar. v.

1387. Geschichte des Mittelalters, von Rehm. *Cassel*, 1840, gr. in-8, de 1,000 pages, d.-rel. mar.

1388. Bibliothèque des Croisades, par Michaud. *Paris*, 1829, 4 vol. in-8, br., et table.

1389. Recueil des historiens des Croisades, publié par l'Académie des inscriptions. *Paris*, I. I., 1844-1859, 2 tomes en 3 vol. in-fol. br.

1390. Extraits des historiens arabes relatifs aux guerres des Croisades, par Reinaud. *Paris*, I. R., 1829, in-8, d.-rel. mar. v.

1391. Invasions des Sarrasins en France du viiiᵉ au xᵉ siècle, par Reinaud. *Paris*, 1836, in-8, d. mar. r.

1392. Dussieux. Essai historique sur les invasions des Hongrois en Europe et spécialement en France. *Paris*, 1839, in-8, br., pap. de Holl.

1393. Richer. Histoire de son temps, avec la trad. franç., par Guadet. *Paris*, 1845, 2 vol. in-8, d.-rel. mar. v.

1394. B. Accolti, De bello a christianis contra barbaros gesto pro Christi sepulcro, Demsterus notis illustravit. *Groningæ,* 1731, in-8, d.-rel. mar.

1395. Les Croisades, par le marquis de Pastoret. *Paris, I. I.,* 1856, in-8 br.

1396. Le livre de la conqueste de la princée de la Morée, publié par Buchon. *Paris,* 1845, 2 vol. gr. in-8, d.-rel. mar. r.

1397. Nouvelles recherches historiques sur la principauté française de Morée et ses hautes baronies. *Paris,* 1843, gr. in-8, d.-rel. mar., et *Atlas de 42 planches.*

1398. La conqueste de Constantinople, par de Villehardouin, publiée par Paulin Paris. *Paris,* 1838, in-8, d. mar. v.

1399. Histoire de la sixième croisade et de la prise de Damiette, d'après les écrivains arabes, par Reinaud. *Paris,* 1826, in-8, br.

1400. Mémoires sur quelques documents gênois relatifs aux croisades de saint Louis, par Jal, 1842, in-8, br.

1401. Mémoires sur les relations politiques des princes chrétiens avec les empereurs mogols, par Abel Rémusat. *Paris,* 1822, in-4, br.

1402. Histoire du commerce entre le Levant et l'Europe, par Depping. *Paris,* 1830, 2 t. en 1 vol. in-8, d. mar. r.

1403. Commentationes et criticæ J. D. Schœpflini. *Basileæ,* 1841, in-4, d.-rel. fig.

On remarque, parmi ces dissertations, les suivantes : *Alemannicæ antiquitates, De Burgundia sub Meroveadis, De Regno Navarræ, De Sacris Gallorum in Oriente bellis, Clodovei historia,* etc.

1404. Francisque Michel. Histoire des races maudites. *Paris,* 1847, 2 t. en 1 vol, in-8, d.-rel. mar. *Rare.*

2. *Histoire de France.*

A. ARCHÉOLOGIE FRANÇAISE.

1. *Époque romaine.*

1405. De Gallia ab anonymo Ravennate descripta, disseruit Alf. Jacobs. *Parisiis,* 1858, in-8, br.

1406. Essai sur les premiers temps héroïques et les antiquités de la France méridionale, par Mary Lafon. *Paris,* 1841, in-8, br.

1407. Recherches sur l'origine des Boies, précédées d'observations sur les migrations gauloises, par Vincent. 1843. in-8, br.

1408. Ethnogénie gauloise, Glossaire gaulois, par Roget de Belloguet. *Paris*, 1858-61, 2 vol. in-8, br.

1409. Itinéraires romains de la Gaule, publiés par Léon Renier. *Paris*, 1850, in-12, br., n. rog.

1410. De la transformation des noms de plusieurs villes gauloises pendant la domination romaine, par Bourquelot. *Paris*, 1857, in-8, br.

1411. Léon Fallue. Dissertation sur les Oppida gaulois, etc. *s. d.*, in-8, br.

1412. Murviel. Restes d'un Oppidum des Volces Arécomiques, par de Montgravier et Ricard. *Paris*, 1863, in-8, br.

1413. Nouvelles recherches sur la ville gauloise d'Uxellodunum prise par César, par Champollion-Figeac. *Paris*, 1820, in-4, br.

1414. Uxellodunum, par Paul Bial. *Besançon*, 1859, in-8, br.

1415. Emplacement de Quentowick, par L. Cousin, *s. d.* In-8, broché.

1416. Découverte d'une ville gallo-romaine dite Laudunum, par Mignard et Constant. *Paris*, 1854, in-4, br.

1416 *bis*. De l'emplacement de la station romaine d'Andesina, par Beaulieu. *Nancy*, 1849, in-8, br.

1417. Recherches sur le véritable emplacement de la station romaine Uggade, entre Évreux et Rouen, et sur l'antiquité du Pont de l'Arche, par Rever. *Evreux*, 1826, in-8, br.

1418. Civitas Suessionum. Mémoire par Stanislas Prioux. *Paris*, 1861, in-4, br., *carte et inscriptions*.

1419. Recherches sur la position de Noviodunum, par Peigné-Delacourt. *Amiens*, 1856, in-8, br. = Supplément. 1859, in-8, br.

1420. Carte de la Gaule sous le proconsulat de César, par le général Creuly. *Paris*, 1864, in-8, br.

1421. Conquête des Gaules. Analyse raisonnée des commentaires de César, par Léon Fallue. *Paris*, 1862, in-8, br., *carte*.

1422. Recherches sur le blocus d'Alesia, par Prevost. *Paris*, 1858, in-8, br.

1423. Les camps, les tombelles et les villas du pourtour d'Alaise, par Aug. Castan. *Besançon*, 1863, in-8, br. = La vérité sur Alise, par Paul Bial. *Paris*, 1861, in-8, br.

1424. Sur l'Alesia de César et ses campagnes dans les Gaules. = 26 monographies in-8 et in-4.

1425. Gergovia Cæsaris, auctore Fischer. *Leipsig,* 1855, in-8, broché.

1426. Du lieu de la bataille entre Labienus et les Parisiens, par Quicherat. *Paris,* 1852, in-8, br.

1427. Mémoire sur les travaux militaires anciens sur les bords de la Seine, par Léon Fallue. *Caen,* 1835, in-8, br.

1428. Deloche. Les Lémovices de l'Armorique mentionnés par César. *Paris,* 1856, in-8, br.

1429. Descriptions du pays des Segusiaves, pour servir d'introduction à l'histoire du Lyonnais, par Aug. Bernard. *Paris,* 1858, in-8, br., *fig.*

1430. Chaudruc de Crazannes. Essais archéologiques sur le Quercy. *S. d.,* in-8, br.

1431. Notice sur les monuments antiques et du moyen âge de la Lozère, par Ignon, in-8, br.

1432. Mémoires sur quelques antiquités remarquables du département des Vosges, par Jollois. *Paris,* 1843, gr. in-4, d.-rel. mar. v., *40 planches dont plusieurs coloriées.*

1433. Archéologie de la Lorraine, par Beaulieu. *Paris,* 1840, 2 vol, in-8, br., *fig.*

1433 *bis.* Des villes et voies romaines en basse Normandie, par de Gerville. *Valognes,* 1838, in-8 br.

1434. Essai sur l'histoire, la langue et les institutions de la Bretagne armoricaine. *Paris,* 1840, gr. in-8, d. mar. r.

1435. Aurélien de Courson. Sur la colonisation de la Bretagne armoricaine. = Réponse à M. Varin. = 1841. 2 parties en 1 br. in-8

1436. Histoire des antiquités du pays de Beauvaisis, par Potier (livre 1). *Beauvais,* 1631, petit in-8, v. *Rare.*

1437. Recherches archéologiques sur le comté de Dachsbourg (Alsace), par Beaulieu. *Paris,* 1836, in-8, d. mar. r.

1438. Antiquités de Rheinzabern, par Schweighæuser. *Stras*bourg, *s. d.,* in-4, br.

1439. Du Mège. Saint-Papoul au point de vue archéologique, *s. d.,* in-8, br.

1440. Antiquités de Vichy-les-Bains, par Beaulieu. *Paris,* 1846, in-8, br.

1441. Histoire des antiquités de la ville de Nismes et de ses environs, par Ménard. *Nismes,* 1814, in-8, br., *fig.*

1442. Lettres archéologiques sur Marseille, par Laulard. *Mar*seille, 1844, in-8, d. mar. v.

1443. Autun archéologique, 1848, in-8, br., fig. dans le texte.

1444. Mémoire sur un cimetière celtique découvert à Beaugency, par Du Faur de Pibrac. *Orléans*, 1860, in-8, br.

1445. Mémoire sur des instruments en silex trouvés à Saint-Acheul, par Rigollot. *Amiens*, 1854, in-8, br., *fig.*

1446. Le monument de Carnac (Morbihan), par de Labarthète. *Paris*, 1845, in-8, br.

1447. Bas-reliefs gaulois, trouvés à Entremont près d'Aix, en Provence, par Rouard. *Aix*, 1861, in-8, br. *fig.*

1448. Charma. Rapport sur les fouilles pratiquées au village de Vieux, près Caen. 1855, in-8, br., *fig.* = Fouilles pratiquées à Jort. 1854, in-8, br., *fig.*

1449. Rouard. Sur les fouilles d'antiquités exécutées à Aix, 1841-1844. 3 parties en 1 vol. in-4, br.

1450. Essai sur les poteries romaines trouvées au Mans, en 1829, par de Caumont. *Paris*, 1829, in-4, br.

1451. Notice sur la tête de vermeil renfermant un crâne humain, trouvée près de Tours en 1827, par Champoiseau. *Tours*, 1829, in-8, br. *fig.*

1452. Notice sur trois autels gallo-romains, par Du Mège. *Toulouse*, 1840, in-4, br.

1453. De scholis romanis in Gallia, scripsit Eug. Jung. *Lutetiæ*, 1855, in-8 br.

II. *Époque du moyen âge.*

a. a. Monuments.

1454. Bulletin de la société de l'histoire de France. *Paris*, 1835 à 1863. 28 années en livraisons.

1455. ANTIQUITÉS DE LA FRANCE. Mémoires présentés à l'Académie des inscriptions. *Paris*, I. I. 1843-1860. 4 tomes en 5 vol. in-4, cart.

1456. Rapports au nom de la Commission des antiquités de la France, 35 br. in-4.

1457. Cours d'antiquités monumentales, par de Caumont, *Paris*, 1830, 4 vol. in-8, d.-rel. mar. et 5 parties d'atlas, in-4 obl.

1458. Excursions archéologiques faites en 1857, par de Caumont. *Paris*, 1858, in-8, br.

1459. Statistique monumentale du Calvados, par de Caumont. (vol. III). *Caen,* 1857, in-8, br., *fig.*

Arrondissements de Vire et de Bayeux.

1460. Sur quelques antiquités du midi de la France, par de Caumont. = L'église Notre-Dame de Saint-Lô, par Dubocq. = Sur la date de la cathédrale de Coutances, par Vitet. = *Caen,* 1845, in-8, br. *fig.*

1461. Notice archéolog. sur la ville d'Arc, en Barrois. *Paris,* 1846, in-8, br.

1462. Antiquités de Beaune la Rollande, en Gatinais, par Dufaur de Pibrac. *Orléans,* 1844, in-8, br.

1463. Recherches sur les îles de Cotentin et sur la mission de saint Magloire, 1846. = Note sur quelques ordonnances qui ne sont pas dans le recueil du Louvre, et autres monographies sur les antiquités de la France, 60 *pièces.*

1464. Essai sur les origines et antiquités de Remiremont (Vosges). In-8, br.

1465. Recherches sur les ruines d'Entremonts, par Michel de Loqui. *Aix,* 1839, in-8, br.

1466. Antiquités de Châteaubleau, par Bourquelot. 1858, in-8, br.

1467. Histoire du château et du bourg de Blandy, en Brie, par Taillandier. *Paris,* 1854, in-8, br., pap. de Holl., *fig. sur bois.*

1468. Rapports sur les châteaux du Velay, sur des débris mérovingiens, sur l'enceinte gallo-romaine de Dax, sur la tour de la cathédrale de Bayeux, etc., par de Caumont. *Paris,* 1857, in-8, br., *fig.*

1469. Mémoire historique sur l'hôpital Saint-Nicolas de Metz au moyen âge, par Larchey. *Metz,* 1854, in-8, br.

1470. Essai historique sur l'hôtel de ville de Saint-Omer, par Louis Deschamps, in-8, br., 6 *pl.*

1471. Sur les restes des monuments de l'ancienne chartreuse de Dijon. *Dijon,* 1832, in-8, br. *Rare.*

1472. Incendie de la cathédrale de Rouen. 1822. = De l'origine de la race française. = Chaix. Monuments du moyen âge dans le Vaucluse. 1840. = Boisthibaut. Église de Chartres. 1839. = Caumont. Statistique routière de Normandie. 1842, etc., 45 monogr. gr. in-8, *fig.*

1473. Les châteaux d'Ancy-le-Franc, de Saint-Fargeau, de

Chastellux et de Tanlay, par Chaillou des Barres. *Paris,* 1845, gr. in-4, d.-r. m. v., *fig.*

1474. Le palais de Bernuy ou le collège royal de Toulouse, par Du Mège. *Toulouse,* 1836, in-4, br.

1475. Les tours de Foix et le cloître de la Daurade, par du Mège. *Toulouse,* 1836, in-8, br., *fig.*

1476. Antiquités de la France. = Palais des Thermes et l'hôtel Cluny. = Notice historique sur Saint-Étienne du Mont, etc. 8 pièces in-8, br.

1477. Découverte du tombeau mérovingien de Saint-Ay, par Dufaur de Pibrac. *Orléans,* 1861, in-8, br.

1478. Le tombeau de Childéric Ier, roi des Francs, restitué par l'abbé Cochet. *Paris, Didron,* 1859, gr. in-8, br., *fig. dans le texte.*

1479. Sur les tombeaux de Charles le Téméraire et de Marie de Bourgogne, par Villeneuve Trans. *Nancy,* 1840, in-8, broché

1480. Les statues du porche septentrional de Chartres et les quatre animaux mystiques, par Mlle Félicie d'Ayzac, in-8, br., *fig.*

1481. Mémoire sur le monument connu sous le nom de Bon mariage, par l'abbé Texier. *Limoges,* 1840, in-8, br.

1482. Découverte et restitution de l'hôtel de saint Guillaume, parent de Charlemagne, par Thomassy. *Paris,* 1838, in-8, broché.

1483. Mémoire sur l'autel de l'église de Minerve, par Ed. Le Blant. *Paris,* 1860, in-8, br.

1484. Berger de Xivrey. Lettre sur un cachet du moyen âge trouvé à Clinchamps. *Caen,* 1835, in-8, br. *Rare.*

1485. Notice sur le fauteuil de Dagobert, par Ch. Lenormant. *Paris,* 1849, in-4, br.

1486. Études sur les casques du moyen âge, par Allou. *S. d.,* 2 part. en 1 br. in-8, *fig.*

1487. Chabouillet. La Glyptique au moyen âge. *S. d.,* in-8, br., *fig.*

1488. Antiquités françaises, par Deville, Didron, de Caumont, etc., 30 monographies, in-4.

1489. Archéologie française, par Lot, Rendu, Pardessus, de Caumont, Troplong, Grandmaison, etc., etc., 55 monographies, in-8, *fig.*

b, b. Abbayes.

1490. Pouillés du diocèse de Lisieux, recueillis et annotés par
Aug. Le Prévost. *Caen*, 1844, in-4, br.

1491. Pouillé des diocèses de Troyes en 1407, publié par
d'Arbois de Jubainville. *Paris*, 1853, in-8, br.

1492. Polyptyque de l'abbaye de Saint-Remi de Reims, ou
Dénombrement des serfs et des revenus de cette abbaye,
par Guérard. *Paris, I. I.*, 1853, in-4, br.

1493. Polyptyque de l'abbé Irminon, ou Dénombrement des
revenus de l'abbaye de Saint-Germain-des-Prés, sous le
règne de Charlemagne, publié par Guérard. *Paris*, 1844,
2 vol. in-4, d.-rel. mar. *Rare*.

1494. Les Possessions de l'Église de Marseille au commencement du IXe siècle, par Montreuil. *Marseille*, 1855, in-8,
br.

1495. Histoire de l'ancienne cathédrale et des évêque d'Alby,
par Eug. d'Auriac. *Paris, I. I.*, 1858, in-8, br., neuf.

1496. Église cathédrale de Maguelone, par Thomassy. *S. d.*,
in-4, br., *12 planches*.

1497. Le Baron et les Religieux de Preuilly en 1432, par
Grandmaison. *Tours*, 1855, in-8, br.

1498. Histoire de l'abbaye de Saint-Denis, en France, par Félicie d'Ayzac, *Paris*, 1861, 2 vol. gr. in-8, br., neufs.

1499. L'abbaye de Saint-Étienne de Caen (1066-1790), par
Hippeau. *Caen*, 1855, gr. in-8, br., *figures*.

1500. Histoire de Saint-Martin du Tilleul, par Aug. Le Prévost.
Paris, 1848, in-8, br.

1501. L'abbaye de Sainte-Marie de Valmague, par Renouvier
et Thomassy. *S. d.*, in-4, br., *8 planches*.
Rare.

1502. Notice historique sur l'abbaye de Saint-Loup, près de
Tours, par Salmon. *Paris*, 1845, in-8, br.

1503. L'abbaye de Pontigny, par Chaillou des Barres. *Auxerre*,
1844, in-8, br.

1504. L'abbaye Notre-Dame d'Yerres, par Marie Mévil. *Versailles*, 1859, in-12, br.

1505. Histoire de l'abbaye royale de Jumiéges, par Deshayes.
Rouen, 1829, 2 parties. in-8, *figures*. = Incendie de la cathédrale de Rouen, par Langlois. *Rouen*, 1823, *figures*. =

Observations sur le Roman du Rou, par Raynouard. *Rouen,*
1829. = Trois ouvrages en 1 vol. in-8, d.-mar. r.

1506. Notice sur le tombeau des Énervés de Jumiéges, par
Hyac, Langlois. *Rouen,* 1825, in-8, br., *figures.*

1507. Recherches historiques sur l'abbaye de Breuil, diocèse
d'Évreux, par Berger de Xivrey. *Paris,* 1847, in-8, br.,
figures.

1508. Les abbés de Saint-Bertin (648-1791), d'après les anciens monuments, par de La Plane. *Saint-Omer,* 1854, 2 vol.
in-8, br.

1509. Le cloître de Saint-Estienne de Toulouse, par Al. Du
Mège. *Castelnaudary,* 1838, in-8, br.

1510. Le Trésor de Notre-Dame de Chartres, par Aug. de San-
teul. *Chartres,* 1841, in-8, br., *10 planches.*

c, c. Archives et cartulaires.

1511. Diplomata, chartæ, etc., ad res gallo-francicas spectan-
tia, edidit Pardessus. *Lutetiæ Parisiorum,* 1843-49, 2 vol.
in-fol., br.

1512. Table chronologique des diplômes, chartes, titres et
actes imprimés concernant l'histoire de France, par de Bre-
quigny. *Paris,* 1836-63, 2 vol. in-fol., br.
Tomes IV et VII.

1513. Notice sur le Cabinet des chartes et diplômes de l'histoire de France, par Champollion-Figeac. *Paris,* 1827, in-8,
br.

1514. Catalogue général des Cartulaires des Archives dépar-
tementales. *Paris,* 1847, in-4, br.

1515. Catalogue des Archives de Joursanvault. *Paris,* 1838,
2 tomes en 1 vol. in-8, d. mar. v. *Fac-simile.*

1516. Essai sur les archives de l'église cathédrale, par Vallet
de Viriville. *Saint-Omer,* 1844, in-8, br.

1517. Varin. Prolégomènes historiques et bibliographiques
sur les archives de la ville de Reims. *Paris,* 1839, in-4.

1518. Archives législatives de la ville de Reims, publiées par
Varin (tome II, 1re série, et tome IV). *Paris, Crapelet,* 1843-
1852, 2 vol. in-4, cart. = Table générale des matières, par
Amiel. *Paris, Lahure,* 1853, gr. in-4, cart.

1519. Essai sur les Mérovingiens d'Aquitaine et la charte
d'Alaon, par Rabanis. *Bordeaux,* 1841, in-8, br.

1520. Notice sur un diplôme de Louis le Débonnaire, par Polain. In-8, br. *Fac-simile.*

1521. Charte de commune, en langue romane, pour la ville de Grealou en Quercy, publiée avec la traduction française, par Champollion-Figeac. *Paris,* 1829, in-8, br.

1522. Les prieurés de Marmoutier en Anjou, inventaire et supplément aux chartes du XIe siècle, par Marchegay. *Angers,* 1846, in-8, br.

1523. Notice sur le manuscrit intitulé : Cartulaire de la ville de Provins, XIIIe siècle, par Bourquelot. *S. d.,* in-8, br.

1524. Chartes et Documents relatifs à l'histoire du Bernai, publiés par Sainte-Marie-Mévil. *Paris,* 1855, in-8, br.

1525. La Charte aux Normands, par Floquet. *Rouen,* 1842, in-8, br.

1526. Pierre de Lobanner et les quatre Chartes de Mont-de-Marsan, par Bladé. *Paris, Dumoulin,* 1861, in-8, br.

1527. Cartulaires de l'abbaye de Savigny et de l'abbaye d'Ainay, publiés par Aug. Bernard. *Paris, I. I.,* 1853, 2 vol. in-4, cart., n. rognés.

1528. Cartulaire de l'abbaye de Redon en Bretagne, publié par Aurélien de Courson. *Paris, I. I.,* 1863, gr. in-4, cart. *Carte et fac-simile.*

1529. Cartulaire de l'abbaye de Beaulieu en Limousin, publié par Maximin Deloche. *Paris, I. I.,* 1859, in-4, cart.

1530. Cartulaire et Archives de l'ancien diocèse de Carcassonne. *Paris,* 1857-59, 2 vol. in-4, br.

1531. Cartulaire de l'abbaye de Saint-Victor de Marseille, publié par Guérard. *Paris,* 1857, 2 vol. in-4, cart.

1532. Explication du Capitulaire de Villis, par Guérard. *Paris,* 1853, in-8, br.

d, d. Histoire parlementaire, mœurs et coutumes.

1533. Origine des institutions féodales chez les Bretons et chez les Germains, par de Courson. *S. d.,* in-8, br.

1534. Guadet. Impositions publiques dans la Gaule ; comment elles étaient perçues et quelles personnes y étaient soumises. 1837, in-8, br.

1535. Des impositions de la Gaule dans les derniers temps de l'Empire romain, par le chevalier Baudi de Vesme. *Paris,* 1861, in-8, br.

1536. Étude sur la signification des noms de lieux en France, par Houzé. *Paris,* 1864, in-8, br.

1537. Le Parlement de Paris, par Léon de La Borde. *Paris,* 1863, gr. in-4, br.

1538. Notice sur les registres manuscrits du Parlement de Paris, par Taillandier. *Paris,* 1835, in-8, br. *Rare.*

1539. Histoire du Parlement de Normandie, par Floquet. *Rouen,* 1840-42, 7 vol. in-8, d.-mar. v.

1540. Recherches historiques sur le tabellionage royal en France et principalement en Normandie, par Barabé. *Rouen,* 1850, in-8, br., *fig.*

1541. Institutions communales, provinciales et corporations de l'ancienne France à l'avénement de Louis XI, par Just Paquet. *Paris,* 1835, in-8, br. *Rare.*

1542. Priviléges accordés à la couronne de France, par le Saint-Siége. *Paris, I. I.,* 1855, gr. in-4, cart.

1543. Étude historique sur les coutumes de Beauvoisis, de Philippe de Beaumanoir. *Beauvais,* 1851, in-8, br.

1544. Esquisse féodale du comté d'Amiens au xiiᵉ siècle, par Bouthors. *Amiens,* 1843, in-4, br.

1545. Las Costumas e las Franquesas de Monpeylier, publiés par Grasset. *S. d.,* in-4, br.

1546. Le petit Thalamus de Montpellier, publié pour la première fois. *Montpellier,* 1836, in-4. br.

1547. Documents inédits sur l'histoire de la marine au xviᵉ siècle, par Jal. *Paris,*1842, in-8, br.

1548. Pacta naulorum des années 1246-1268 et 1270, par Jal. *S. d.,* in-4, br. = Marie la Cordelière, étude de marine, par Jal. 1845, in-8, br.

1549. Histoire du privilége de Saint-Romain, par Floquet. *Rouen,* 1833, 2 vol. in-8, d.-mar., *fig.*

1550. Relation du Pas d'Armes, près de la Croix-Pèlerine, par Eudes. 1834, in-8, br. *Rare.*

1551. L'Office de la Fête des Fous de Sens, publié par Bourquelot. *Sens,* 1856, in-8, br.

1552. Des Maîtres de pierre et autres Artistes gothiques de Montpellier, par Renouvier et Ad. Ricard. *Montpellier,* 1844, in-4, br., *fig.*

1553. Essai historique et descriptif sur les Émailleurs et Argentiers de Limoges, par Texier. *Poitiers,* 1843, in-8, br., *10 planches.*

1554. Recherches sur l'usage et l'origine des tapisseries à personnages dites historiées, par Ach. Jubinal. *Paris*, 1840, in-8, br.

1555. Tapisseries de Valenciennes, du château d'Haroué et de la collection Du Sommerard. *S. l. n. d.*, in-fol. obl. *6 planches.*

1556. Recherches sur le commerce, la fabrication et l'usage des étoffes d'or et d'argent pendant le moyen âge, par Francisque Michel. *Paris*, 1852-54, 2 vol. in-4, br.

1557. Comptes de l'Argenterie des rois de France, par Drouet d'Arcq. *Paris, Renouard,* 1851, in-8, br. *Rare.*

1558. Histoire du Sacre et Couronnement des rois de France, par Lenoble. *Paris,* 1825. = Histoire du Sacre de Charles X. *Paris,* 1825. = 2 parties en 1 vol. in-8, d. mar. cit., *fig.*

B. HISTOIRE GÉNÉRALE DE FRANCE.

1559. Indication des principaux ouvrages propres à faciliter les études sur l'histoire de France, par Desnoyers. *Paris,* 1836, in-8, br.

1559 *bis.* Recueil des historiens des Gaules et de la France, publié par MM. Daunou, Naudet, Guigniaut et de Wailly. « Tomes xx et xxi. » *Paris, Impr. roy. et imp.,* 1840 et 1855, 2 vol. gr. in-fol., br.

1560. Lettres sur l'histoire de France, par Aug. Thierry. *Paris,* 1829, in-8, d. mar.
Envoi autographe de l'auteur.

1561. Geschichte Frankreichs, von Bosse. *Leipsig,* 1829, gros in-8, d.-rel.

1562. Histoire de France, par Anquetil. *Paris,* 1832, 13 vol. in-8, d.-rel. mar.

1563. Histoire de France, par Michelet. *Paris,* 1838-1844, 6 vol. in-8, d.-rel. mar. v.

1564. Tableau des révolutions de la France depuis la conquête des Franks, par le baron de Beaujour. *Paris,* 1825, in-8, br.

1565. Manuel de l'histoire de France, par Achmet d'Héricourt. *Paris, Roret,* 1844, 2 tomes en 1 vol. in-8, d.-rel. mar.

1566. Fauriel. Histoire de la Gaule méridionale sous la domination des conquérants germains. *Paris*, 1836, 4 vol. in-8, br. *Rare*.

1567. Chroniques d'Enguerrand de Monstrelet, publiées par Buchon. *Paris*, 1826, 15 vol. in-8, d. mar. r.

1568. La Chronique d'Enguerrand de Monstrelet, publiée par Douet d'Arcq. *Paris, 1857*, 5 vol. gr. in-8, br.

1569. Cannegieteri dissertatio de Brittenburgo, Britannorum-que per Galliam sedibus. *Hagæ Comitis*, 1734, in-4, v.

1570. Notice sur les pays d'État, par Taillandier. *Paris*, 1851, in-18, br.

1571. Recueil des Monuments inédits de l'histoire du Tiers-État, par Augustin Thierry. *Paris, Didot*, 1853-56, 2 vol. gr. in-4, cart.

1572. Négociations de la France dans le Levant, mémoires publiés par Charrière. *Paris, I. N.*, 1848-1860, 3 vol. in-4, cart.

1573. Négociations diplomatiques de la France avec la Toscane, documents publiés par Abel Desjardins. *Paris, I. I.*, 1859, 2 vol. in-4, cart.

1574. Lettres des rois, reines de France et d'Angleterre, tirées des archives de Londres. *Paris, I. R.*, 1847, in-4, cart.

Tome 2e, de l'année 1301 à 1505.

1575. Documents historiques inédits, tirés des collections mss. de la bibliothèque royale des archives, publiés par Champollion-Figeac. *Paris, Didot*, 1841-1848, 3 vol. in-4, br.

1576. Les inondations en France depuis le vie siècle jusqu'à nos jours, par Maurice Champion. *Paris, Dalmont*, 1858, 2 vol. in-8, br., neufs.

1577. Topographie ecclésiastique de la France, par Desnoyers. *Paris*, 1854-61, 2 vol. in-8 br.

1578. Le budget des cultes de France, par Ch. Jourdain. *Paris*, 1859, in-8, br.

C. HISTOIRE DE FRANCE SOUS CHAQUE RÈGNE.

1579. Essai sur le système des divisions territoriales de la Gaule, par Guérard. *Paris*, 1832, in-8, br. *Rare*.

1580. Attila dans les Gaules en 451, par un ancien élève de l'École polytechnique. *Paris*, 1833, in-8, br., 5 pl.

1581. Recherches sur le lieu de la bataille d'Attila en 451,

ation en Gaule, par Alfr. Jacobs. *Paris,* 1858, in-8, br.

1586. Brunehauld, par Paulin Paris. *S. d.*, in-4, br.

1587. Théodulfe, évêque d'Orléans et abbé de Fleury-sur-
Loire (774-821). *Orléans,* 1860, in-8, br. = Théodulfe, par
Hauréau. *S. d.*, in-8, br.

1588. De l'influence des questions de race sous les derniers
Karolingiens, par Varin. *Paris,* 1838, in-8, br. *Rare.*

1589. De immunitatibus quæ a regibus nostris primæ et se-
cundæ stirpis concessæ fuerunt, scripsit Grégoire. *Parisiis,*
1856, in-8, br.

1590. Des causes principales de la popularité du clergé en
France sous les deux premières races, par Guérard. *S. d.*,
in-8, br.

1591. Quæ partes fuerint episcoporum in Capetianis ad re-
gnum provehendis, scribebat Mourin. *Andecavis,* 1856,
in-8, br.

1592. Polain. Où et quand est né Charlemagne. *Bruxelles,*
1856, 2 part. en 1 brochure in-8.

1593. Œuvres complètes d'Éginhard, trad. en français par
Teulet. *Paris, Renouard,* 1840, 2 t. en 1 vol. in-8, d-r.,
mar.

1594. Wala et Louis le Débonnaire, par Himly. *Paris,* 1849,
in-8, br.

1595. Recueil de pièces historiques sur la reine Anne, par
Labanoff de Rostoff. *Paris,* 1825, in-8, br.

1596. Catalogue des actes de Philippe-Auguste, par Léopold
Delisle. *Paris,* 1856, in-8, br.
Exemplaire complet.

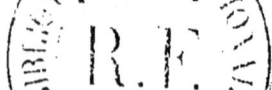

7

1597. Histoire de Blanche de Castille, par Mlle Vauvillers. *Paris*, 1841, 2 t. en 1 vol. in-8, d.-r. mar.

1598. Examen de l'état du gouvernement et de la législation en France, à l'avénement de saint Louis au trône. *Paris*, 1821, in-8, cart. non rogné.

1599. Histoire de saint Louis, roi de France, par de Ville-neuve-Trans. *Paris*, 1839, 3 t. en 2 vol. in-8, d. mar. r.

1600. Vie de saint Louis, roi de France, par Lenain de Tille-mont, publiée pour la 1re fois par de Gaulle. *Paris*, 1847, 4 t. en 2 vol. in-8, d. mar., et les t. 5 et 6 br.

1601. Sur le cœur de saint Louis, par Deville, Berger de Xivrey, Letronne, Le Prevost, etc. 9 brochures in-8.

1602. Mémoires du sire de Joinville, publiés par Fr. Michel. *Paris, Didot,* 1858, in-12, br.

1603. Chronique latine de Guillaume de Nangis, de 1113 à 1300, par Géraud. *Paris, Renouard,* 1843, 2 vol. in-8, d. mar. citr.

1604. Histoire de la guerre de Navarre en 1276 et 77, par Guill. Anelier, de Toulouse, publiée par Fr. Michel. *Paris, I. I.,* 1856, in-4, cart.

1605. Chronique des quatre premiers Valois (1327-1393), publiée par Siméon Luce. *Paris,* 1862, gr. in-8, br.

1606. Projet de descente en Angleterre pour la délivrance du roi Jean, par Germain. *Montpellier,* 1858, in-4, br.

1607. Histoire de la Jacquerie et d'Étienne Marcel (1358) d'après des documents inédits, par Siméon Luce. *Paris,* 1859, in-8, br.

1608. Chronique des religieux de Saint-Denis, contenant le règne de Charles VI, de 1380 à 1422, trad. par Bellaguet (tome VIe contenant la table). *Paris, Crapelet,* 1852, gr. in-4, cart.

1609. Mémoires de Pierre de Fénin sous Charles VI et Charles VII, publiés par Mlle Dupont. *Paris,* 1837, in-8, d. mar. v.

1610. Nouvelles recherches sur la famille et sur le nom de Jeanne d'Arc, par Vallet de Viriville. *Paris,* 1854, in-8, br.

1611. Procès de condamnation et de réhabilitation de Jeanne d'Arc, publiés d'après les mss., par J. Quicherat. *Paris,* 1841, 5 vol. in-8, d.-r. mar. v.

1612. Isabeau de Bavière, par Vallet de Viriville. *Paris,* 1859, in-8, br.

1613. Études sur le gouvernement de Charles VII, par H. Dan-
sin. *Strasbourg,* 1856, in-8, br.

1614. Histoire des règnes de Charles VII et de Louis XI, par
Thomas Basin. *Paris,* 1855-59, 3 vol. gr. in-8, br.

615. Mémoires de Ph. de Commynes, publiés par Mlle Dupont. *Paris, Renouard,* 1840, 3 t. en 2 vol. in-8, d. mar. r.

1616. Monuments inédits de l'histoire de France, 1400-1600,
publiés pour la première fois par Bernier. *Senlis,* 1835,
in-8, d.-r.

1617. Œuvres historiques inédites de sire George Chastellain
(1407-1470). *Paris,* 1837, gr. in-8, d. mar.

1618. Chronique de Mathieu d'Escouchy, publiée par Du-
fresne de Beaucourt (vol. 1). *Paris,* 1863, in-8, br.

1619. Journal d'un bourgeois de Paris sous François Ier (1515-
1536), publié par Ludovic Lalanne. *Paris,* 1854, in-8, br.
Rare.

1620. Mémoires de Claude Haton, contenant les événements
accomplis de 1553 à 1582, publiés par Bourquelot. *Paris,*
I. I., 1857, 2 vol. in-4, cart.

1621. Discours de Michel de l'Hospital sur le sacre de François II, publié par Moteley. *Paris, Didot,* 1825, in-12, br.

1622. Ambassade de Michel de Castelnau en Angleterre, par
Hubault. *Saint-Cloud, s. d.,* in-8, br.

1623. Mémoires de Beauvais Nangis (1580-1650). *Paris,* 1862,
in-8, br.

1624. Quis fuerit in Gallia factionum status? (1561) scripsit
Klipffel. *Lutetiæ,* 1863, in-8, br.

1625. Histoire du règne de Henri IV, par Poirson. *Paris,*
1856, 3 vol. in-8, br.

1626. Histoire du règne de Henri IV, par Auguste Poirson.
Paris, Didier, 1862, 2 vol. in-8, br.

1627. Mémoires sur Henri IV et Louis XIII, par le duc de
La Force. *Paris,* 1843, 4 vol. in-8, d. mar. r.

1628. Henri IV et Élisabeth, par Prevost-Paradol. *Paris,* 1855,
in-8, br.

1629. Recueil des lettres missives de Henri IV, publié par
Berger de Xivrey. *Paris, I. R.,* 1843, 7 vol. in-4, rel. et
cart.

1630. Notice historique sur l'inventaire des biens meubles de
Gabrielle d'Estrées, par de Fréville. *Paris,* 1842, in-8, br.

1631. Poirson. Observations sur le règne de Louis XIII et le ministère de Richelieu. *Paris*, 1839, brochure in-8.

1632. États-généraux de 1614, considérés sous le point de vue politique et littéraire, par Poirson. *S. d.*, in-8, br. *Rare*.

1633. Mémoires de Mathieu Molé (1614-1649). *Paris*, 1855-56, 3 vol. in-8, br.

1634. Négociations, lettres et pièces relatives à la conférence de Loudun (sous Louis XIII), publiées par Bouchitté. *Paris, I. I.*, 1862, in-4, cart.

1635. De l'administration en France sous le ministère du cardinal de Richelieu, par Caillet. *Paris*, 1857, in-8, br.

1636. De politicis in Richelium, lingua latina, libellis; scripsit Hubault. *S. Clodoaldi, s. a.*, in-8, br.

1637. Lettres et papiers d'État du cardinal de Richelieu, recueillis et publiés par Avenel. *Paris, I. I.*, 1853-1862, 5 vol. in-4, cart.

1638. Journal d'Olivier Lefèvre-d'Ormesson (1643-1672), publié par Chéruel. *Paris, I. I.*, 1860, 2 vol. in-4, cart.

1639. Lettres du cardinal Mazarin à la reine, publiées par Ravenel. *Paris, Renouard*, 1836, in-8, d. mar. r.

1640. Registres de l'hôtel de ville de Paris pendant la Fronde, publiés par Le Roux de Lincy. *Paris*, 1843, 3 t. en 2 vol. in-8, d.-r. mar. v.

1641. Choix de Mazarinades, par Moreau. *Paris*, 1853, 2 vol. in-8, br.

1642. Étude sur les mémoires de Louis IX, par Ch. Dreyss. *Paris*, 1859, in-8, br.

1643. Histoire de la vie et de l'administration de Colbert, précédée d'une étude sur Fouquet, par Pierre Clément. *Paris*, 1846. = Le gouvernement de Louis XIV, par Pierre Clément. *Paris*, 1848. = 2 t. en 1 vol. in-8, d.-r. mar. v.

1644. Étude sur Colbert, ou exposé du système d'économie politique suivi en France de 1661 à 1633, par F. Joubleau. *Paris, Guillaumin*, 1856, 2 vol. in-8, br.

1645. Mémoires de Nicolas Foucault (intendant en province sous Louis XIV, publiés par Baudry. *Paris, I. I.*, 1862, gr. in-4, cart.

1646. Mémoires du comte de Coligny-Saligny (sous Louis XIV). *Paris*, 1841. = Mémoires du marquis de Villette sur la

marine française, publiés par Monmerqué. *Paris*, 1844,
2 part. en 1 vol. in-8, d. mar. v.

1647. Conspiration du chevalier de Rohan, par Pierre Clément. *Paris*, 1856, in-8, br.

1648. Négociations relatives à la succession d'Espagne sous
Louis XIV, publiées par Mignet. *Paris, I. R.*, 1835, 2 vol.
in-4, d.-r. mar. vert.

1649. Mémoires militaires relatifs à la succession d'Espagne
sous Louis XIV, publiés par le général Pelet. *Paris, I. R.*,
1835-1862, 11 vol. gr. in-4, cart., et les atlas en 1 grand
carton.

1650. Correspondance administrative sous le règne de
Louis XIV, publiée par Depping. *Paris, I. N.*, 1851-1855,
3 vol. in-4, cart.

1651. Journal du règne de Louis XV, par Barbier (vol. 3 et 4).
Paris, 1851-56, 2 vol. in-8, br.

1652. Journal et mémoires de d'Argenson, publiés par Ra-
thery. *Paris*, 1859-63, 5 vol. gr. in-8, br.

1653. Notice historique et géographique sur la bataille de
Fontenoy, par Paultre des Ormes. *Auxerre, s. d.*, in-8, br.

1654. Histoire de la révolution française, par Michelet. *Paris,*
Chamerot, 1847, 2 t. en 1 vol. in-8, d. mar. v.
> On a joint à la fin du volume la préface de la 3e édition du Prêtre,
> de la Femme et de la Famille, avec un billet autogr. de l'auteur.

1655. Esquisse d'une histoire de ce qui s'est passé en Europe
depuis le commencement de la révolution française, par
Schoell. *Paris*, 1823, in-8, d. mar. v.

1656. Campagnes de la révolution française dans les Pyrénées orientales. 1793-95, par Fervel. *Paris*, 1851, 2 t. en
1 vol. in-8, d. mar. v.

1657. Thiers. Histoire du consulat et de l'empire. *Paris,*
1859-62, vol. 17-19 et 20, rel. et br.

1658. Histoire des guerres des Français en Italie, par Servan.
Paris, 1805, 6 vol. in-12, br. *Cartes.*

1659. Colln. Campagne de 1806 (en allemand). *Leipzig*, 1809,
in-4, d.-r. *10 cartes.*

1660. Campagne de 1809 (en allemand), par Wachholen.
Brunswick, 1843, in-12, d. mar. v.

1661. Nouvelle relation de la bataille de Friedland. *Paris,*
1839, in-8, d.-r.

1662. Histoire de la guerre d'Espagne et de Portugal, par de Beauchamps. *Paris,* 1819, 2 vol. in-8, d.-r. *Carte.*

1663. Napier. Histoire de la guerre dans la Péninsule et dans le midi de la France, trad. par Mathieu Dumas. *Paris,* 1828, 13 t. en 11 vol. in-8, d. mar. v., et 2 livr. in-fol. d'atlas.
Exemplaire offert par le maréchal Soult avec un envoi autographe.

1664. Mémoires pour servir à la guerre entre la France et la Russie en 1812. *Paris,* 1817, 2 t. en 1 vol. in-4, d.-r. mar. *Cartes.*

1665. Histoire de la guerre de 1813 (en allemand), par Danilewski. *Dorpat,* 1837, in-8, d.-r. mar.

1666. Plotho. Der Krieg in Deutschland und Frankreich (1813-1814-1815). *Berlin,* 1817, 4 vol. in-8, d.-r. mar. v.

1667. Histoire des campagnes de 1814 et 1815, par de Vaudoncourt. *Paris,* 1826, 5 vol. in-8, d. mar. r.

1668. Histoire de la campagne de 1814, par de Beauchamp. *Paris,* 1815, 2 vol. in-8, d. mar. r.

1669. Événements militaires devant Toulouse en 1814, par Lapène. 1834, in-8, br.

1670. Bulletins de la grande armée, 1812-13 et 14, et Journaux officiels de 1815. Pièces détachées, Proclamations, Bulletins de Waterloo, etc. Recueil de plus de 200 pièces en 1 vol in-4, cart., non rogné.

1671. Opinions de Napoléon sur divers sujets de politique et d'administration, par le baron Pelet. *Paris,* 1833, in-8, d.-rel. mar.

1672. Fleury de Chaboulon. Mémoires de Napoléon en 1815. *Paris,* 1822, 2 vol. in-8, d.-mar.

1673. Histoire d'une grande époque, par Prosper Mérimée. *Paris,* 1840, in-8, br.

1674. Histoire d'un coup d'État, par Paul Belouino. *Paris,* 1852, in-8, d.-rel.

1675. L'Expédition de Crimée, par de Bazancourt (1re part.) *Paris,* 1856, in-8, br.

1676. Histoire contemporaine. = Environ 100 pièces en 4 gr. in-8, d.-rel.

D. HISTOIRE DES PROVINCES ET VILLES DE FRANCE. = ALGÉRIE.

1677. Paris sous Philippe Le Bel (1292), publié par Géraud. *Paris,* 1837, gr. in-4, d.-rel. mar. *Plan de Paris.*

1678. Le Palais-Royal, par Vatout. *Paris*, 1838. in-8, br.

1679. Mes voyages aux environs de Paris, par Delort. *Paris*,
1821, 2 t. en 1 vol. in-8, d.-rel. mar. v.
  Ouvrage rempli de figures et de fac-simile d'autographes.

1680. Histoire de Saint-Germain-en-Laye, par Abel Goujon.
Saint-Germain, 1829, in-8, d.-m.

1681. Fontainebleau, par Jamin. 1834, in-8, d.-rel., *carte*.

1682. Essais historique sur la ville d'Étampes, par Maxime
de Mourond. *Étampes*, 1836, in-8, d.-rel., *fig.*

1683. Histoire de Provins, par Félix Bourquelot. *Paris*, 1839,
2 vol. in-8, d.-rel. mar., v., *fig.*

1684. Histoire de Chartres, par de Lespinois. *Chartres*, 1854,
2 vol. gr. in-8, br., *fig.*

1684 *bis*. Histoire du château de Blois, par de La Saussaye.
Blois, 1840, gr. in-4, d.-rel., mar. v., *fig.*

1685. Histoire de la ville d'Orléans, par Vergnaud-Roma-
gnési. *Orléans*, 1830, 2 t. en 1 vol. in-18, d.-m. v., *fig.*

1686. Normanniæ nova chronica, collecta a Cheruel. *Cadomi*,
1850, in-4, br.

1687. Orderici Vitalis, Historiæ ecclesiasticæ libri. *Parisiis*,
1838, 5 vol. in-8, d.-rel, mar. bl.

1688. Histoire des ducs de Normandie et des rois d'Angleterre, par Francisque Michel. *Paris, Renouard*, 1840, gr.
in-8, d. mar. v.

1689. Dissertation sur la mort de Rollon, par Deville. 1841,
in-8, br.

1690. L'ystoire de li Normant, publiée par Champollion-
Figeac. *Paris*, 1835, gr. in-8, d. mar.

1691. Grands rôles des échiquiers de Normandie, publiés
par Léchaudé d'Anisy. *Paris*, 1845, in-4, br.

1692. Diaire, ou voyage du chancelier Séguier en Normandie,
après la sédition des Nu-Pieds, publié par Floquet. *Rouen*,
1842, in-8 br.

1693. Rouen, par Th. Licquet. *Rouen*, 1831, in-12, d.-m. rel.

1694. Histoire de Rouen, par Chéruel. *Rouen*, 1843, 2 t.
en 1 vol. in-8, d. mar. r., *fig.*

1695. Histoire du Château-Gaillard et du siége qu'il soutint
contre Philippe-Auguste. *Rouen*, 1829, gr. in-4., d.-rel.
mar., *fig.*

1696. Dictionnaire des anciens noms de lieux du département

de l'Eure, par Aug. Le Prévost. *Évreux*, 1839, in-8, pap. de Hol., d.-mar. v.

1697. Histoire de la ville de Montdidier, par de Beauvillé ; compte rendu, par Drouet d'Arcq. *Paris*, 1859, in-4, br.

1698. Notice sur l'ancienne seigneurie et l'église de Caix, en Santerre. *S. d.*, in-4, br., *fig.*

1699. Histoire de la ville et des sires de Coucy, par Ch. de l'Espinois. *Paris, s. d.*, in-8, br.

1700. Recueil des chroniques de Touraine, par André Salmon. *Tours*, 1854, gr. in-8, br.

1701. Archives d'Anjou, par Marchegay. *Angers*, 1843, in-8, d.-mar. v.

1702. Chroniques d'Anjou, publiées par Salmon (tome 1) *Paris*, 1856, in-8, br.

1703. La réforme et la ligue en Anjou, par Ernest Mourin. *Paris*, 1856, in-8, br.

1704. La ligue en Bretagne, par L. Grégoire. *Paris*, 1856, gr. in-8, br.

1705. Bourquelot. Notice sur le journal de J. Glanmeau. (Histoire du Berry, de 1541 à 1562.) *Paris*, 1854, in-8, br.

1706. Les ducs de Champagne, par Étienne Gallois. *Paris*, 1843, in-8, br.

1707. Essai sur la vie de Thibault IV, par Delbarre. *Laon*, s. d., in-8, br.

1708. Questions bourguignonnes, par Roget de Belloguet. *Dijon*, 1846, in-8, br.

1709. Carte du premier royaume de Bourgogne, avec un commentaire sur l'étendue de cet État en 517, par Roget de Belloguet. *Dijon*, 1848, in-8, br.

1710. Origines dijonnaises, par Roget de Belloguet. *Dijon*, 1851, in-8, br.

1711. Recherches sur Auxerre, par Leblanc. *Auxerre*, 1830, 2 t. en 1 vol., pet. in-8, d.-mar. = Recueil de *fac-simile* d'écritures, tirés des archives de l'hôtel de ville d'Auxerre, in-4, br.

1712. Esssai historique sur la souveraineté du Lyonnais au xᵉ siècle. *Lyon*, 1835, in-8, br.

1713. Histoire du Limousin, par Leymarie. *Limoges*, 1845, 2 t. en 1 vol. in-8, d.-mar. v.

1714. Observations sur la géographie et l'histoire du Quercy et du Limousin, par Léon Lacabanne. *Paris*, 1862, in-8. br.

1715. Essai sur l'administration de Turgot, dans la géné-
ralité de Limoges, par d'Hugues. *Paris*, 1859, in-8, br.

1716. L'Auvergne, depuis l'ère chrétienne jusqu'au xviiie
siècle, par André Imberdis. *Paris, I. I.*, 1863, in-8, br.

1717. Histoire du commerce de Montpellier, par Germain.
Montpellier, 1861, 2 vol. in-8, br., neufs.

1718. Itinéraire de la Provence, par Vaysse de Villiers. *Paris*,
·1816, in-8, d.-rel., *carte*.

1719. Les îles de Lérins (Provence), au ve siècle, par l'abbé
Goux. *Paris*, in-8, br.

1720. Essai sur l'histoire municipale de la ville de Sisteron,
par de La Plane. *Paris*, 1840, in-8, br., *fig.*

1721. Histoire de la ville d'Auch, par Lafforgue. *Auch*, 1851,
2 vol. in-8, br.

1722. Saint-Émilion, son histoire et ses monuments, par
Guadet. *Paris*, 1841, in-8, d.-mar. v.

1723. L'université de Toulouse au xviie siècle, par Ch. Jourdain. *Paris*, 1862, in-8, br.

1724. Guide du voyageur sur le canal du Midi. *Toulouse*,
1853, in-8, br.

1725. La réforme et les guerres de Religion en Dauphiné, de
1560 à 1598, par Long. *Paris*, 1856, in-8, br.

1726. Monuments remarquables de l'arrondissement de
Vienne, par Mermet. *Vienne*, 1829, in-8, br.

1727. Étude sur la république de Messine, du xiiie au xvie
siècle (les Paraiges de Metz), par H. Klipffel. *Metz*, 1863,
in-8, br.

1728. Supplément aux recherches sur les évesques de Metz,
par de Saulcy. *Metz*, 1835, in-8, br., *6 planches.*

1729. Histoire de Thionville, par Teissier, suivie de chartes
dans les langues romane et teutonne. *Metz*, 1828. = Essai
sur les commencements de la typographie à Metz. *Metz*,
1828, *fac-simile.* = 2 t. en 1 vol. in-8, d.-rel., *fig.*

1730. Monuments remarquables du département du Bas-
Rhin, par Schweighaeuser. *Strasbourg*, 1842, in-8, br.

1731. Algérie. Histoire et Géographie. Routes suivies par les
Arabes. *Paris, I. I.*, 1844, 2 t. en 1 vol. gr in-8, d.-m. v.

1732. Voyages dans le sud de l'Algérie, trad. de l'arabe, par
Berbrugger. *Paris, I. I.*, 1846, gr. in-8, br.

1733. Histoire de l'Algérie, par Fisquet. *Paris*, 1842, in-8,
d.-mar. r., *fig.*

1734. Journal d'un officier de l'armée d'Afrique, par Desprez. *Paris*, 1831, in-8, d.-rel., *carte*.

1735. Relation de la guerre d'Afrique, par Rozet. *Paris*, 1832, 2 vol. in-8, d.-rel., mar. v.

1736. Les prisonniers d'Abd-el-Kader, par de France. *Paris*, 1837, 2 vol. in-8, d.-rel., mar. v.

1737. La question d'Alger, par Desjobert. *Paris*, 1837, in-8, d. mar. v.

1738. Campagnes de Constantine en 1837, par Sédillot. *Paris*, 1838, d.-rel., mar.

1739. Province de Constantine, par Dureau de Lamalle. *Paris, Gide*, 1837, in-8, d.-rel., mar. v.

1740. Colonisation de l'Algérie, par Enfantin, *Paris*, 1843, gr. in-8, d.-mar. v.

1741. Berbrugger. L'Algérie pittoresque et monumentale, *Paris, s. d.* 3 vol. in-fol., *fig.* en livraisons.

1742. Tableau des établissements français dans l'Algérie, 1837 à 1852. 11 vol. gr. in-4, rel. et br.

1743. Manuel algérien, par Dureau de Lamalle. *Paris,* 1852, in-12, br.

1744. Études sur la Kabylie, par Carette. *Paris, I. N.,* 1859, 2 vol. gr. in-8, br.

1745. Le grand désert, par le général Daumas, *Paris,* 1850, in-8, br.

1746. Le Sahara algérien, par le général Daumas. *Paris,* 1845, in-8, d.-mar. v.

1747. ALGÉRIE. Cent mémoires sur l'histoire, la langue et la civilisation de l'Algérie. 1830-1863, 9 vol in-8, d.-rel. mar.

3. *Histoire étrangère.*

1748. Étude sur Charles V, par Duméril, *Paris,* 1856, in-8, br.

1749. Papiers d'État du cardinal de Granvelle, publiés par Weiss (Tomes 3, 4 et 9). *Paris,* 1843-52, 3 vol. in-4, cartonnés.

1750. Des causes de la décadence de l'industrie et du commerce en Espagne depuis Philippe II, par Ch. Weiss. *Strasbourg,* 1839, in-8, br. *Rare.*

1751. Coup d'œil sur Lisbonne et Madrid en 1814, par d'Hautefort. *Paris,* 1820, in-8, d.-rel.

1752. L'istoria d'Italia nell'anno 1547, di Camillo Porzio. *Napoli,* 1839, in-4, br.

1753. Cafari. Annales Januenses, edidit Pertz. *Hannoveræ* 1862, in-fol,, carton., *fig. color.*
(Tiré à petit nombre).

1754. Rom im Jahre 1838. *Stuttgart,* in-12, d. mar.

1755. Berger de Xivrey. Tradition française d'une confédération de l'Italie (1609-1859). *Paris,* 1860, in-8, br.

1756. Pergamena di Arborea illustrata, dal C. P. Martini. *Cagliari,* 1846, in-4, br.

1757. Histoire de l'île de Chypre sous le règne des princes de la maison de Lusignan, par de Mas-Latrie. *Paris, I. I.,* 1852-61, 3 vol. in-8, br.

1758. Grotii Annales de rebus belgicis. *Amst.* 1658, in-12, v.

1759. Paillard de Saint-Aiglan. Changements que l'établissement des abbayes au viie siècle, ainsi que l'invasion des Northmans au ixe, ont introduits dans l'état social de la Belgique, *s. d.* in-4, br.

1760. Henri de Dinant. Histoire de la révolution communale de Liége au xiiie siècle, par Polain. *Liége,* 1843, in-8, br.

1761. Notice historique sur les anciens seigneurs de Cassel, par L. Cousin. *Dunkerke,* 1857, in-8, br.

1762. Parrot. Sprache, Geschichte, Mythologie, etc., der Livren, Latten, Eesten. *Stuttgart,* 1828, 2 vol. in-8, cart.

1763. Aubéry du Maurier (1566-1636), par H. Ouvré. *Paris,* 1853, in-8, br.

1764. Annales du Hainaut, par Jean Lefèvre, publiées par le marquis de Fortia d'Urban. *Paris,* 1835, in-8, d. mar.

1765. Table chronologique des Annales du Hainaut avant la prise de Troie, par de Fortia d'Urban. *Paris,* 1838, in-8, br.

1766. Hannonia (le Hainaut) Ludovico XIV regnante, auctore, H. Caffiaux. *Valencenis,* 1860, in-8, br.

1767. Traditiones possessionesque Wissenburgenses; edidit Zeufs. *Spiræ,* 1842, in-4, br.

1768. Die deutsche Geschichte, von Kohlrausch. *Elberfeld,* 1829, in-8, d.-mar.

1769. Fontes rerum austriacarum (II abth. XII Band.) *Wien,* 1856, gr. in-8, br.

1770. Histoire de la lutte des papes et des empereurs de la maison de Souabe, par de Cherrier. *Paris, 1841,* 4 vol. in-8, d.-rel. et br.

1771. Die kriegerischen Ereignisse in Italien (1848-49). *Zurich,* 1850, 3 part. en 1 vol. in-8, d.-rel.

1772. Memoria Augusti, principis Gothorum et Altenburgensium ; scripsit Eischtadius. *Gothæ,* 1823, in-4, br.

1773. Wuttke. Schlesiens. *Leipsig,* 1842, 2 vol. in-8, v, tr. dor.

1774. Die schlesischen Stande, von Wuttke. *Leipsig,* 1847, in-8, carton.

1775. Geschichte des deutschen Freiheits-Krieges (1814), von Richter. *Berlin,* 1839, in-8, d.-mar., *portr.*

1776. Sporschil. Neues Heldenbuch. *Brauensweig,* 1844, 2 t. en 1 vol. in-8, d.-mar. v., *portr.*

1777. Études sur la révolution en Allemagne, par Saint-René Taillandier, *Paris, Franck,* 1853, 2 vol. in-8, br.

1778. Question du Schleswig-Holstein. 19 br. in-8, en allemand.

1779. Saint-René Taillandier. Allemagne et Russie. *Paris,* 1856, in-12, br.

1780. De la Grèce moderne et de ses rapports avec l'antiquité, par Edg. Quinet. *Paris,* 1830, in-8, carton.

1781. Mittheilungen über Griechenland, von Brandis. *Leipsig,* 1842, 3 t. en 1 vol. in-12, d.-rel. mar.

1782. Recherches sur l'origine des peuples du nord de l'Europe, par Dartley. *Paris,* 1839, in-8, br.

1783. Anciennes chroniques d'Angleterre, par Jehan de Wavrin, publiées par Mlle Dupont. *Paris,* 1858, 3 vol. in-8, br.

1784. Quæ a Carolo XII post pugnam Pultavensem de pace acta sint, et quæ fuerint consilia Goerzii. *Upsaliæ,* 1848, in-8, br.

1785. Essai sur l'origine des Slaves, par Eichoff. *Lyon,* 1845, in-8, br. en 2 part.

1786. Deux dynasties françaises chez les Slaves méridionaux aux xive et xve siècles, par F. Lenormant. *Paris,* 1861, in-8, br.

1787. Memoiren von Georg. Klapka. *Leipsig,* 1850. = Guerre de Hongrie, 1849, etc. 3 part. en 1 vol. in-8, d.-mar., v.

1788. Sur les origines russes, extraits des manuscrits orien—
taux, par J. de Hammer. *Saint-Pétersbourg,* 1825, in-4, br.

1789. Les premiers habitants de la Russie, par Kurd de—
Schloezer. *Paris,* 1846, in-8, br.

1790. Histoire de Russie, par Karamsin, trad. par Jauffret.
Paris, 1819, 11 vol. in-8, d.-mar., v.

1791. Forschungen in der älteren Geschichte Russlands, von
Krug. *Saint-Pétersbourg,* 1848, 2 t. en 1 vol. in-8, d.-mar.

1792. Die Völker des südlichen Russlands, von Neumann.
Leipzig, 1847, in-8, br.

1793. Siegmund Freiherr von Herberstein, von Adelung.
Saint-Pétersbourg, 1818, in-8, br., *figures coloriées et carte
de Russie en 1549.*

1794. Der Russich-Türkische Feldzug (1828-29), von Moltke.
Berlin, 1845, in-8, d.-mar.

1795. Caffa et les colonies génoises de la Crimée, par Sainte—
Màrie Mévil. *Paris,* 1856, in-8, br.

1796. Essai sur l'histoire de la Livonie, par de Bray. *Dorpat,*
1818, 3 vol. in-8, d.-mar. r.

1797. Introduction à l'histoire de l'Asie occidentale, par—
Ch. Lenormant. *Paris,* 1837, in-8, d.-mar. v.

1798. L'Orient et le moyen âge, par Léon de La Borde, 1833,
in-8, br. *Rare.*

1799. Hammer. Histoire de l'Empire ottoman, trad. par Hel—
lert. *Paris,* 1835, 6 vol. in-8, d.-rel. et 3 livr. in-fol. d'atlas.

1800. La Turquie et ses différents peuples, par Henri Ma—
thieu. *Paris, Dentu,* 1857, 2 vol. in-12 br.

1801. La Turquie d'Europe, par Ami Boué. *Paris,* 1840,
4 vol. in-8, d.-rel. mar. v.

1802. Précis historiques de la guerre des Turcs contre les—
Russes (1769-1774), par Caussin de Perceval. *Paris,* 1822,
in-8, d.-rel.

1803. Traité sur la guerre contre les Turcs, par de Valentini,
trad. par Blesson. *Berlin,* 1830, in-8, d.-mar., v.

1804. Histoire de la destruction des Janissaires, traduite du—
turc, par Caussin de Perceval. *Paris, Didot frères,* 1823,
in-8, d.-rel.

1805. Les Janissaires, par Alphonse Royer. *Paris,* 2 t. en
1 vol. in-8, d.-rel.

1806. Hammer. Constantinopolis und der Bosphoros. *Pesth,* 1822, 2 vol. in-8, d.-rel., c. de R. n. r. *cartes.*
Cet ouvrage renferme de nombreuses inscriptions.

1807. Extrait d'un Mémoire historique sur l'Inde, par Reinaud. *Paris,* 1845, in-8, br.

1808. A view of the war with Tipoo sultaun, and of the siege of Seringapatnam, by Beatson. *London,* 1800, in-4, v. *fig.*

1809. Marcel. Sur le Mohristan. *Paris,* 1833, in-8, br. = Souvenir de quelques amis d'Égypte, 1834, in-8, br.

1810. Histoire de la guerre de Méhémet-Ali contre la Porte Ottomane (1831-33), par Cadalvène et Barrault. *Paris,* 1837, in-8, d.-rel. mar. v., *cartes.*

1811. Fourier et Napoléon. L'Égypte et les Cent-jours, par Champollion-Figeac. *Paris,* 1844, in-8, br.

1812. Notice sur l'époque de l'établissement des Juifs dans l'Abyssinie, par Marcus, *s. d.*, in-8, br.

1813. Recherches sur l'origine et les migrations des tribus de l'Afrique septentrionale, par Carette. *Paris, I. I.,* 1853, gr. in-8, br.

1814. Étude sur la conquête de l'Afrique par les Arabes, et recherches sur les tribus berbères qui ont occupé le Maghreb central, par H. Fournel. *Paris, I. I.,* 1857, in-4, br.

1815. Léon de Laborde. Chasse aux nègres, 1838. = Un artiste dans le désert, *Paris,* 1839. 2 part. en 1 vol. in-8, br., *fig.*

1816. Histoire de Tunis, par Marcel. *Paris,* 1851, in-8, br. *fig.*

1817. Description de la régence de Tunis, par Pellissier. *Paris, I. I.,* 1853, gr. in-8, br.

1818. Description géographique de l'empire du Maroc, par Renou. *Paris, I. I.,* 1846, in-8, br.

1819. Al. de Humboldt. Examen critique de l'histoire de la géographie du nouveau continent et des progrès de l'astronomie nautique au xve siècle. *Paris,* 1836, 4 t. en 3 vol. in-8, d.-mar. v.

1820. Esquisse sur le Canada, par Taché. *Paris,* 1855, in-12, br.

1821. Le Canada, essai par Hogan. *Montréal,* 1855, in-8, carton.

1822. Histoire politique des États-Unis par La Boulaye (vol. 1, Histoire des colonies). *Paris,* 1855, in-8, br.

1823. Cruautés horribles des conquérants du Mexique, Mémoire d'Alva, publié par Ternaux. *Paris,* 1838, in-8, d.-rel. mar.

1824. Recueil de pièces relatives à la conquête du Mexique, publié par Ternaux. *Paris,* 1838, in-8, d.-mar.

1825. Histoire des Chichimèques ou anciens rois de Tezcuco, trad. de don F. d'Alva. *Paris,* 1840, 2 t. en 1 vol., in-8, d.-rel. mar. r.

1826. Essai politique sur l'île de Cuba, par Al. de Humboldt. *Paris,* 1826, 2 vol. in-8, d. mar. r.

1827. Percement de l'isthme de Panama, par Belly. *Paris,* 1858, in-8, br., *carte.*

1828. Le Pérou avant la conquête espagnole, par Em. Desjardins. *Paris,* 1858, in-8, br.

F. NOBLESSE.

1829. Dictionnaire héraldique, par Ch. Grandmaison. *Paris,* 1852, gr. in-8, d.-rel. mar.

> Ce volume est dédié à M. Hase.

1830. Mémoire pour établir la communauté d'origine des maisons de Blois, Chastillon et Marconnay, par de Saint-Pons. *Paris,* 1830, in-4, br.

G. ARCHÉOLOGIE.

1. *Introduction, journaux, ouvrages généraux, mélanges.*

1831. Archéologie, par Ch. Lenormant, *s. d.,* in-8, br., *fig.*

1832. Bulletin des Sciences, par Ferussac. (Antiquités.) *Paris,* 1824-28-29, 3 vol. in-8, d. mar. r.

1833. REVUE ARCHÉOLOGIQUE. *Paris, Leleux,* 1844-63 (19 années), gr. in-8, d.-rel. mar. v. *Figures noires et coloriées.*

> Très-complet, avec les livraisons de janvier à avril 64. Ce recueil a compté, parmi ses plus actifs collaborateurs, MM. Hase, Letronne, Champollion, Léon Renier, Maury, Egger, etc.

1834. L'Institut. Sciences archéologiques. Gr. in-4, d.-rel. mar., et quelques années en feuilles.

1835. Annales de l'Institut de correspondance archéologique. *Rome,* 1837-38, 2 années en 1 vol. in-8, d. mar. v. *Nombreuses figures.*

1836. Archives des Missions scientifiques. 1850-57, en livraisons.

1837. Monatsbericht der K. Preuss. Akademie der Wissenschaften zu Berlin. 1850-1858, 9 années en livraisons.

1838. ABHANDLUNGEN der Königlichen Akademie der Wissenschaften zu Berlin (1848-61). *Berlin*, 1850-62, 13 années en 14 vol. gr. in-4. *Nombreuses figures d'archéologie en noir et coloriées.*

Très-belle collection publiée au prix de 50 francs le volume.

1839. Annuaire de la Société archéologique de la province de Constantine. 1860-61, in-8, br., *fig.*

1840. Recueil des Notices et Mémoires de la Société archéologique de la province de Constantine. 1863, in-8, br. *53 planches.*

1841. Mémoires archéologiques, par Al. du Mège. *Toulouse*, 1835, in-8, br., *fig.*

1842. Archæologische Aufsätze, von Otto Jahn. *Greifswald*, 1845, in-8, br.

1843. Mélanges archéologiques et littéraires, par Édelestand du Méril. *Paris*, 1850, in-8, br.

1844. Études d'archéologie et d'histoire, par Fortoul. *Paris*, *Didot*, 1854, 2 vol. in-8, br.

1845. Metrologische Untersuchungen über Gewichte des Alterthums, von Boeckh. *Berlin*, 1838, in-8, d.-mar. v.

1846. Arbuthnotii Tabulæ antiquorum nummorum, mensurarum et ponderum, pretiique rerum venalium. *Lugd. Bat.*, 1764, gr. in-4, v.

1847. Description de quelques poids antiques, par Ad. de Longpérier. *Paris*, 1849, in-8, br., *fig.*

1848. Sur les Poids et Monnaies antiques et romaines, par Boudard. *Paris*, 1853, in-8, br.

1849. Das akademische Studium des Alterthums, von Creuzer. *Heidelberg*, 1807, in-8, br.

1850. De l'usage non interrompu jusqu'à nos jours des tablettes en cire. In-8, br., *fig.*

1851. Addition au Mémoire sur les tablettes de cire conservées au Trésor des Chartes, par Natalis de Wailly. *Paris*, 1851, in-4, br.

1852. Mémoire sur le métal que les anciens appelaient orichalque, par J.-P. Rossignol. *Paris*, 1852, in-8, br.

— 113 —

1853. Discussion sur l'antiquité de l'usage du platine, par Rever. *Rouen*, 1827, in-8, br.

1854. Ueber die Langen feld der Völker des Alterthums, von Ludwig von Fenneberg. *Berlin*, 1859, in-8, br.

1855. Greppo. Recherches sur l'usage des boissons glacées chez les Hébreux, les Grecs et les Romains. *Belley*, 1836, in-8, br. *Rare.*

1856. De Parasitis apud veteres, scripsit Beaufils. *Constantiis*, 1861, in-8, br.

1857. Boettiger. Ueber die herrschende Mode der gewürfelten Stoffe. *Wien*, 1821, 3 parties en 1 vol. in-8, *fig.*

1858. Die Hadeskappe, von Hermann. *Gottingen*, 1853, in-8, br., *fig.*

1859. Lettres à M. Hase sur divers points d'archéologie, par Fr. Lenormant, Azéma de Montgravier, Prévost, Mac Gluckin de Slane, Morel, etc. 7 pièces in-8, br.

1860. Sur les Antiquités, par Raoul Rochette, Hermann, Otto Jahn, etc. = 30 monographies in-4.

1861. Sur divers sujets d'Archéologie, par Minervini, Braun, Mommsen, etc. = 30 monographies in-8.

1862. Sur l'Archéologie, par Brun, Beulé, Ritschl, etc. = 32 monographies in-8, *fig.*

1863. Archéologie. Recueil de Monographies sur différents sujets, par Creuzer, Otto Jahn, Gérard, Egger, etc. = 46 monographies in-8, *fig.*

1864. Archéologie. Collection de Monographies sur différentes questions d'archéologie, par Benloew, Gerhardt, Beulé, Wieseler, etc. = 71 monographies in-8, br., *fig.*

2. *Musées.*

1865. Das Alexandrinische Museum, von Parthey. *Berlin*, 1858, in-8, br.

1866. Musée royal Bourbon. *Naples*, 1837, in-12, d.-mar. v.

1867. Description du Musée des Antiques de Toulouse, par du Mège. *Paris*, 1835, in-8, br.

1868. Description des antiquités et objets d'art contenus dans les salles du Palais des Arts de la ville de Lyon, par Comarmond. *Lyon*, 1855-57, gr. in-4, br., *28 planches.*

1869. Musée Napoléon III, par Noël Desvergers. *Paris*, 1862, in-8, br.

1869 *bis.* Monuments arabes, persans et turcs du duc de Blacas, décrits par Reinaud. *Paris, I. R.,* 1828, 2 vol. in-8, d.-mar. r.

1870. Antiquités du Bosphore cimmérien, conservées au Musée impérial de l'Ermitage, ouvrage publié par ordre de Sa Majesté. *Saint-Pétersbourg,* 1854, 2 vol. in-fol. de texte et 1 vol. in-fol. de *93 planches coloriées.*

> Ce superbe ouvrage tiré à 200 exemplaires n'a pas été mis dans le commerce.

1871. Description des antiquités et objets d'art du cabinet Durand, par J. de Witte. *Paris,* 1836, in-8, d.-mar. r., *5 planches.*

1872. Description des antiquités du comte Beugnot. *Paris,* 1840, in-8, br.

1873. Labarte. Description des objets d'art qui composent la collection Dubruge-Duménil. *Paris, Didron,* 1847, gr. in-8, d.-mar. v. *Figures dans le texte.*

1874. Description des antiquités et objets d'art composant le cabinet de M. Louis Fould, par Chabouillet. *Paris, Claye,* 1861, gr. in-fol., cart., *fig.*

> Très-bel ouvrage qui n'a pas été mis dans le commerce.

3. *Mœurs et coutumes des Grecs et des Romains.*

1875. Hellenische Alterthumskunde, von Wachmuth. *Halle,* 1844, 2 vol. in-8, d.-mar. v.

1876. Études sur l'antiquité grecque, par Ern. Havet. *Paris,* 1858, in-8, br.

1877. Ueber griechische Monatskunde, von Hermann. *Gottingen,* 1844, in-4, br.

1878. Lydus. Libri de ostentis et de mensibus, gr. et lat., edidit Hase. *Parisiis, e typographia regia,* 1823, in-8, br.

1879. J. de Witte. Sur les représentations d'Adonis. *Paris,* 1846, in-8, br.

1880. Dissen. De ordine certaminum Olympicorum per quinque dies. *Gottingæ,* 1841, in-4, br.

1881. De legationibus publicis apud Athenienses, scripsit Turrettini. *Genevæ,* 1840, in-8, br.

1882. De mercenariis militaribus apud Græcos, scripsit Dausin. *Argentorati,* 1857, in-8, br.

1883. Boeckh. Urkunden über das Seewesen des attischen Staates. *Berlin,* 1840, in-fol., d.-rel., et atlas in-fol.

1884. Explication d'un passage de Plutarque sur une loi de Lycurgue, nommé la Cryptie, par Vallon. *Paris*, 1859, in-8, br.

1885. De Areopago, scripsit Forchhammer. *Kiliæ*, 1828, in-8, br.

1886. Un Procès de corruption chez les Athéniens, Démosthènes dans l'affaire d'Harpale, par J. Gérard. *Paris*, 1862, in-8, br.

1887. De gentibus et familiis Atticæ sacerdotalibus, disseruit Bossler. *Darmstadii*, 1833, in-4, br.

1888. Creuzers Abriss der römischen Antiquitäten. *Leipsig*, 1829, in-8, d.-rel.

1889. Dubief. Familia romana tempore Plauti. *Molini*, 1859, in-8, br. = Benoist. De personis muliebribus apud Plautum. *Massiliæ*, 1862, in-8, br.

1890. Die Lauersforter Phaleræ, von Otto Jahn. *Bonn*, 1860, in-4, br., *fig.*

1891. Longpérier (de). Dissertation sur les Phalères. 1841, in-8, br.

1892. Die Ficoronische Cista, von Otto Jahn. *Leipsig*, 1852, in-4, br.

1893. Ueber die römischen Ritter, von Zumpt. *Berlin*, 1840, in-4, br.

1894. Nouvelles observations sur les Augustales, par Egger. 1847, in-8, br.

1895. De votis X, XX et XXX imperatorum romanorum, auctor Eichstadius. *Ienæ*, 1825, in-folio, br.

1896. Ueber die : Notitia dignitatum utriusque Imperii, von Boecking. *Bonn*, 1834, in-8, br.

1897. De Comitio romano, scripsit Mommsen. *Romæ*, 1845, in-8, br.

1898. De inquisitione apud Romanos Ciceronis tempore, auctore Weiss. *Parisiis*, 1856, in-8, br.

1899. De l'administration des postes chez les Romains, par Naudet. *Paris*, I. I. 1858, in-4, br.

1900. Recherches sur les Dendrofores et sur les corporations romaines en général, par Rabanis. *Bordeaux*, 1841, in-8, br.

1901. Recherches historiques sur les loteries des Romains, par Greppo. *Belley*, 1825, in-8, br. *Rare.*

1902. Salmasius. De modo usurarum liber. *Lugd. Bat.*, 1639, pet. in-8, v.

1903. Des céréales en Italie sous les Romains, par Michon. *Paris,* 1859, in-8, br.

1904. Dissertatio de agro et vino Falerno, scripsit Weber. *Marburgi,* 1855, in-4, br.

1905. Examen de deux passages de Pline, relatifs à l'art de la verrerie, par Deville. *Caen,* 1844, in-4, br.

1906. Virgilius nauticus, par Jal. *Paris.* 1843, in-8, br.

1907. De captis et redemptis ab hostibus jus romanum, scripsit Boot. *Lugd. Bat.,* 1836, in-8, br.

1908. Sur l'éducation littéraire chez les Romains, par Egger. *Paris,* 1833, in-8, br., *rare.*

4. *Beaux-arts dans l'antiquité.*

A. Introduction.

1909. Millin. Introduction à l'étude des monuments antiques, des médailles, des pierres gravées et des vases peints. *Paris,* 1796, 4 parties en 1 vol. in-8, d.-rel.

1910. Handbuch der Archäologie der Kunst, von O. Mueller. *Breslau,* 1835, in-8, d.-mar. r.

1911. Monuments de l'art antique par O. Mueller et Ch. OEsterley, avec texte français. *Gottingue,* 1832, 4 liv. in-4, obl. 59 *pl.*

1912. Handbuch der Kunstgeschichte, von Kugler. *Stuttgart,* 1842, in-8, cart.

1913. Beulé. Les arts et la poésie à Sparte, sous la législation de Lycurgue. *Paris.* 1853, in-8, br. = La peinture décorative et le grand art, par Beulé. *Paris,* 1860, in-8, br.

1914. Ueber die Studien der griechischen Künstler, von Hermann. *Gottingen,* 1847, in-8, br.

1915. Catalogue des artistes de l'antiquité jusqu'à la fin du viie siècle, par de Clarac. *Paris,* 1844, in-12, d.-mar. r. **Volume rare.**

1916. Ueber den.... Du sentiment de l'art à Rome sous les empereurs, par Friedlander. *Kœnigsberg,* 1852, in-8, br.

1917. Scopas Leben und Werke, von Ulrichs. *Greifswald,* 1863, in-8, br., *fig.*

1918; Kritios, Nésiotès, Krésilas et autres artistes grecs. Lettre à Thiersch, par Ross. *Athènes,* 1839, in-8, br.

B. Peinture.

1919. Die Malerei der Alten, von Fr. John. *Berlin*, 1836, in-8, broché.

1920. Lajard. Lettre sur les peintures des grottes Marzi et Querciola. *Paris*, 1833, in-8, br.

1921. Die Gemälde der Pulygnotos, von Otto Jahn. *Kiel*, 1841, in-8, br.

1922. Die Composition der polygnotischen Gemälde in der Lesche zu Delphi, von Welcker. *Berlin*, 1848, in-4, br., *fig.*

1923. Polygnotischen Gemälde in der Lesche zu Delphi, von Hermann. *Gottingen*, 1849, in-8, cart.

1924. Mémoire sur les peintures que Polygnote avait exécutées dans la Lesché de Delphes. *Bruxelles*, 1864, in-4, br.

1925. Quid de signis tabulisque pictis senserit Tullius Cicero, scripsit Maignen. *Parisiis*, 1856, in-8, br.

1926. Lettres archéologiques sur la peinture des Grecs, par Raoul Rochette. *Paris*, 1840, in-8, br.

1927. Peintures antiques inédites, par Raoul Rochette. *Paris*, I. R., 1836, in-4, br., *fig. col.*

1928. Les tribunaux vert et rouge d'Athènes, par Raoul Rochette, 1837, in-4, br.

1929. Recherches sur la peinture en émail dans l'antiquité et au moyen âge, par Labarte. *Paris*, 1856, in-4, br., *fig. noires et coloriées.*

1930. L'électrum des anciens était-il de l'émail, par de Lasteyrie. *Paris*, 1857, in-8, br.

C. Sculpture.

1931. Essai sur le classement chronologique des sculpteurs grecs les plus célèbres, par Émeric David, in-8, br.

1932. Steinschneider des Alterthums, von Stephani. *Saint-Pétersbourg*, 1851, in-4, br.

1933. Koehlers Abhandlung über die geschnittenen Steine mit den Namen der Künstler. *Saint-Pétersbourg*, 1851, in-8, br.

1934. Musée de sculpture antique et moderne, par de Clarac.

(Tomes 1 et 2). *Paris*, 1841, 2 vol. gr. in-8 de texte, et 2 vol. in-4 obl. de planches, d.-rel. mar.

Le tome 2 comprend les inscriptions hiéroglyphiques et grecques du Louvre.

×1935. Otto Jahn. Antiker reliefs. 1861, in-8, br., 8 *pl.*

1936. Beulé. La statuaire d'or et d'ivoire. *Paris*, 1856, in-8, br.

1937. Der Apollon Stroganoff und der Apollon von Belvedere, von Wieseler. *Gottingen*, 1861, in-8, br.

1938. Eros und Psyche, Kunstwerke, von Otto Jahn. *S. d.* in-8, br.

1939. Otto Jahn. Ueber die ephesischen Amazonen-Statuen, *s. d.*, in-8, br., 4 *pl.*

1940. Sofocle, statua, illustrata da Welcker. *Roma*, 1846, in-8, br., 4 *planches.*

1941. L'Alectryonophore, par Kœhler. Description d'une statue antique. *Saint-Pétersbourg*, 1835, gr. in-4, br. 1 *planche.*

1942. Notice sur la statue en marbre trouvée à Lillebonne, par Gaillard. *Rouen*, 1829, in-8, br. *fig.*

1942 *bis.* Una statua antica inedita, saggio di Melly. *Modena*, 1838, in-4, cart.

1943. Chabouillet. Sur une statuette représentant un rétiaire. *Paris*, 1852, in-8, br.

1944. Die Bronzen von Siris, von Brondsted. *Kopenhagen*, 1837, in-4, br., *fig.*

1945. The bronzes of Siris, by Brondsted. *London*, 1836, gr. in-fol., br., *fig.*

1946. Equejade. Monumento antico di bronzo da Cattaneo. *Milano*, 1819, in-4, br.

1947. Fouilles du Transtevère, statue d'athlète, par Ern. Vinet. *Paris*, 1850, in-8, br.

1948. De signo eburneo nuper effosso commentatio, scripsit Knebel. 1844, in-4, br., *fig.*

D. Monuments divers d'architecture.

1949. Lettres de Sickler à Millin sur les constructions cyclopéennes. *Paris*, 1811, in-8, br.

1950. Notice sur les nuraghes de la Sardaigne et les monuments cyclopéens, par Petit-Radel. *Paris*, 1826, in-8, br., *rare*.

1951. L'architecture au siècle de Pisistrate, par Beulé. *Paris*, 1860, gr. in-8, d.-rel., mar. et atlas in-4.

1952. Recherches sur les ruines de la Morée, par Puillon-Boblaye. *Paris*, 1836, gr. in-4, v., fil., tr. dor., *carte*.
    Bel exemplaire.

1953. Architecture du voyage archéologique en Grèce, par Le Bas. *Paris, Didot*, 1847 à 1854, 23 livr. gr. in-fol.
    Complet.

1954. Découvertes dans la Troade, par Mauduit. *Londres*, 1840, 2 vol. in-4, d.-rel.

1955. Alterthümer des Pontus, von Koeler, Roeppen, etc. *Wien*, 1823. = 3 monog. in-8.

1956. Antiquités grecques du Bosphore cimmérien, publiées et expliquées par Raoul Rochette. 1822, in-8, *15 planches.* = Blaremberg. Choix de médailles antiques d'Olbiopolis. *Paris*, 1822, *20 planches.* = 2 part. en 1 vol. in-8, d.-rel, mar.

1957. Fergusson. On the mode in which light was introduced into the Greek temples. 1861, in-4, br., *fig.*

1958. Sainte-Croix. Observations sur le temple d'Éleusis. *Paris*, 1802, in-8, br.

1959. Theatergebäude und Denkmäler des Bühnenwesens bei den Griechen und Römern, von Wieseler. *Gottingen*, 1851, gr. in-4, br., *13 planches.*

1960. Commentatio de porta Metia, scripsit Ritschl. *Bonnæ*, 1832, in-4, br.

1961. Velleia et Rome, par Ernest Desjardins, *Paris*, 1858, in-8, br.

1962. Mémoire sur les dernières découvertes archéologiques faites dans la campagne de Rome, par Desjardins. *Paris*, 1860, in-8, br.

1963. Rapporto intorno gli scavi Pompeiani del dottore Schulz. *Roma*, 1839, in-8, br., *fig.*

1964. Descrizione di una casa Pompeiana, dal S. Avellino. *Napoli*, 1837, in-4, br.

1965. Monographie de la voie sacrée Éleusinienne, de ses monuments et de ses souvenirs, par Fr. Lenormant. *Paris*, 1864, in-8, papier fort.
    Cet ouvrage n'a pas encore paru; ce sont les premières feuilles tirées.

1966. Labus. Antica romana via del Sempione. 1840, in-4, br.

1967. Itinéraire archéologique de Rome à Naples, par Vasi. *Naples*, 1838, in-8, d.-mar. v.

1968. Beulé. Les temples de Syracuse, *s. d.*, in-8, br.

1969. Le théâtre de Champlieu, par Peigné-Delacourt. *Noyon*, 1858, in-8, br., *8 planches.*

1970. Des bains et thermes chez les anciens, par Teissier-Rolland. *Nîmes,* 1850, in-8, br.

1971. Mémoire sur le balnéaire de Lillebonne, par Gaillard de Folleville. *Caen,* 1834, in-8, br.

1972. Notice sur l'état actuel de l'arc d'Orange, par Caristie. 1838, in-4, br.

1973. Cinq lettres à M. Hase sur les antiquités de la régence de Tunis, par Pellissier. 1845-48, 5 part. in-8, br.

> Ces lettres forment ensemble un ouvrage complet sur les antiquités romaines de la régence de Tunis.

1974. Recherches sur l'ancienne Lambèse, par Delamarre. = Inscriptions antiques recueillies par Léon Renier. *Paris,* 1850. in-8, br., *fig.*

1975. Archéologie de l'Algérie, par Delamarre. *Paris, Gide,* 1850, 32 livr. in-4, *figures noires et coloriées.*

> Complet.

1976. De antiquitatibus balearicis exercitatio, auctore Wernsdorfio. *Brunswigæ,* 1760, in-4, br.

1977. P. Bock. L'amphithéâtre de Constantinople. 1849, in-8, br., *fig.* = Les dernières solennités des jeux Capitolins à Rome. 1849, in-8, br.

1978. Mulleri Antiquitates antiochenæ. *Gottingæ,* 1839, in-4, br., *fig.*

1979. Édesse et ses monuments, par Texier. *Paris,* 1859, in-8, br.

1980. Art de classer les sépultures antiques à l'aide de la céramique, par l'abbé Cochet. *Paris,* 1860, in-4, br., *fig.*

1981. Die Grabhügel in der Hardt, von Vischer. *Zurich,* 1862, in-4, br.

1982. Ueber ein Grab bei Kumæ, von Olfers. *Berlin,* 1831, in-4, br., *5 planches.*

1983. Blaremberg. Objets d'antiquité trouvés dans un tumulus (en Tauride). *Paris,* 1822, in-8, br., *fig.*

1984. Ulrich. Monuments funéraires romains. = De Witte.

Les divinités à double tête. = 2 opusc. en 1 v., in-8, *fig.*

1985. Notice sur quelques sépultures antiques, par Ad. Ricard. *Montpellier*, 1844, in-4, br., *fig.*

1986. I Monumenti sepolcrali scoperti nei mesi di maggio 1863, descritti da Salinas. *Torino*, 1863, gr. in-4, cart.

1987. Mémoire sur le monument qui, à Rome, est appelé le Tombeau des Rois, par Quatremère. *Paris*, 1852, in-8, br.

E. Pierres gravées.

1988. Untersuchung über den Sard, Onyx und Sardonyx der Alten. *Gottingen*, 1801, 2 part. en 1 vol. in-8, br., *fig.*

1989. Silène, précepteur des amours, camée antique inédit, par Dumersant. *Paris*. 1824, in-8, br., *fig.* de S. Aubin.

1990. Catalogue des camées de la Bibliothèque impériale, par Chabouillet. *Paris*, 1858, in-12, br.

F. Musique.

1991. Anonymi scriptio de musica, et Bacchii senioris introductio artis musicæ, edidit Bellermann. *Berolini*, 1841, in-4, br.

1992. Die Tonleitern und Musik-Noten der Griechen, von Bellermann. *Berlin*, 1847, in-4, br., *fig.*

1993. De Fidibus Græcorum, auctore de Jahn. *Berolini*, 1859, in-8, br.

1994. Die Hymnen des Dionysius und Mesomedes, von Bellermann. *Berlin*, 1840, in-4, br.
Text und Melodieen.

1995. Étude sur Aristoxène et son école, par Ruelle. *S. d.*, in-8, br.

1996. Quelques mots sur la musique et la poésie ancienne, par Vincent. *Paris*, 1854, in-8, br.

1997. Vincent. Les Grecs et les Romains ont-ils connu l'emploi simultané des sons? *Lille*, 1859, in-8, br.

1998. Opuscules de M. Vincent sur les sciences et la musique dans l'antiquité. = 37 monographies in-4 et in-8.

G. Vases peints.

1999. Die nordetruskischen Alphabete, auf Inschriften und Münzen, von Mommsen. *S. d.*, in-4, br.

2000. L'Étrurie et les Étrusques, par Noël Des Vergers. *Paris,* 1862, in-8, br. et atlas in-fol. *Fig. noires et coloriées.*

2001. Revision der Ansichten über Herkunft der gemalten griechischen Vasen, von Osann. *Giessen,* 1847, in-8, br.

2002. Einleitung in die Vasenkunde, von Otto Jahn. In-8, br. *10 planches.*

2003. De nominibus vasorum græcorum disputatio, scripsit Ussing. *Hauniæ,* 1844, in-8, br.

2004. Supplément aux observations sur les noms des vases grecs, par Letronne. 1837-38, in-4, br.

2005. Ueber den Styl der bemahlten griechischen Thongefässe, von Kramer. *Berlin,* 1837, in-8, br.

2006. Recherches sur la peinture des vases antiques, par Deville. *Rouen,* 1842, in-8, br.

2007. Catalago di scelte antichita etrusche trovate negli scavi del principe di Canino. *Viterbo,* 1829, in-4, br.

2008. Description des vases peints du prince de Canino, par M. de Witte. *Paris,* 1837, in-8, br. = Vases peints du cabinet de Magnoncourt. 1839, in-8, br.

2009. A brief description of thirty two ancient greeck painted vases, found at Vulci, by Campanary. *London,* 1832, in-8, broché.

2010. Ein alt-athenisches Gefäss mit Malerei und Inschrift, von Creuzer. *Leipsig,* 1832, in-8, br.

2011. Raoul Rochette. Mémoire sur un vase peint inédit de fabrique corinthienne. *Paris,* 1848, in-8, br.

2012. Ch. Lenormant. Lettre sur trois nouveaux vases historiques. *Paris,* 1848, in-8, br.

2013. Minervini. Vaso ruvese. *Napoli,* 1851, in-4, br. = Il mito di Ercole. 1854, in-4, br.

2014. Panofka. Dissertations archéologiques. (La naissance de Pandore, sur les plantes et les monuments où elles se trouvent, naissance de Junon, etc.) = 4 part. en 1 vol. in-8. *Fig.*

2015. L'expiation d'Oreste, par de Witte. *Paris,* 1850, in-8, br. *Fig.* = Apollon Sminthien. 1858, in-8, br. *Fig.*

2016. Vaso ruvese dall'Orfeo e Bellerofonte illustrato dal dottore E. Braun. *Roma*, 1838, in-8, br. = Vaso Apulo. *Roma*, 1836, in-8, br. *Fig.*

2017. Vasenbilder, von Otto Jahn. *Hamburg*, 1839, in-4, br. *Figures.*

2018. Ueber Darstellungen griechischer Dichter auf Vasenbildern, von Otto Jahn. *Leipsig*, 1861, in-8, br., 8 planches noires et coloriées.

2019. Jahn. Ueber einige Darstellungen des Parisurtheiles. In-8, br. *3 planches.*

2020. Telephos und Troïlos, von Otto Jahn. *Kiel*, 1841, in-8, br. *Fig.* = Palamedes, scripsit Otto Jahn. 1836. in-8, br.

2021. Prométhée, par Otto Jahn. *Paris*, 1848, in-8, br. *Fig.* = Philoktet in Troja, von Conze. *Gottingen*, 1856, in-8, br. *Fig.*

2022. Otto Jahn. Pentheus und die Mainaden. *Kiel*, 1841, in-4, br. *Fig.*

2023. Otto Jahn et autres. Sur les vases peints. = 22 monogr. in-8 et in-4. *Fig.*

2024. Mémoire sur la collection de vases antiques trouvés à Berthonville, par Le Prevost. *Caen*, 1832, gr. in-4, cart. *15 planches.*

5. *Archéologie égyptienne.*

2025. De Rougé. Discours sur l'archéologie égyptienne. *Paris*, 1860, in-8, br. = H. Martin. Opinion de Manéthon sur la durée des trente dynasties épyptiennes. *Paris*, 1860, in-8, broché.

2026. Einleitung zur Chronologie der Ægypter, von Lepsius. *Berlin*, 1848, gr. in-4, cart.

2027. Denkmäler aus Ægypten und Æthiopien, von Lepsius. *Berlin*, 1849, in-4, br.

2028. Examen critique de la sucession des dynasties égyptiennes, par W. Brunet de Presle (1re part.). *Paris*, 1850, in-8, br.

2029. Rougé (de). Mémoire sur quelques phénomènes célestes rapportés sur les monuments égyptiens. 1852, in-8, br.

2030. Numerorum apud veteres Ægyptios demoticorum doctrina, auctore Brugsch. *Berolini*, 1849, gr. in-4, cart.

2031. Nouvelles recherches sur le calendrier des anciens

Égyptiens ; sa nature, son histoire et son origine, par Letronne. *Paris, I. I.,* 1863, in-4, br.

2032. Recherches sur l'année vague des Égyptiens, par Biot.
1831, in-4, br. *Planches.*

2033. Explication de la date égyptienne d'une inscription
grecque, par Champollion. *Paris,* 1819, in-8, br.

2034. Recherches sur les fragments d'Héron d'Alexandrie, ou
système métrique égyptien. Ouvrage posth. de Letronne,
publié par Vincent. *Paris,* 1851, in-4, br. *Planches.*

2035. Lettre à Abel Rémusat sur une nouvelle mesure de
coudée trouvée à Memphis, par Drovetti. *Paris,* 1828, in-4,
br. *Fig.*

2036. Les coudées égyptiennes découvertes dans les ruines
de Memphis, par Champollion-Figeac. *S. d.,* in-8, br.

2037. Spohn. De lingua et litteris veterum Ægyptiorum, edidit
Seyffarth (p. 1). *Lipsiæ,* 1825, in-4, br.

2038. Notice sur deux papyrus (démotiques) égyptiens, par
Champollion-Figeac. *Paris,* 1823, in-8, br. *Fac-simile.*

2039. Explication de la principale scène peinte des papyrus
funéraires égyptiens, par Champollion jeune. 1825. in-8,
br. *Rare.*

2040. Fac-simile d'un papyrus égyptien en caractères hiéra-
tiques, trouvé à Thèbes et publié par Prisse d'Avennes.
Paris, 1847, in-fol. *14 planches coloriées.*

2041. Saulcy. Sur l'inscription démotique de Philes. 1847,
in-8, br.

2042. Die Proklamation des Amasis an die Cyprier (Cypern
und Ægypter), von Roth. *Paris,* 1855, gr. in-4, br.

2043. Lettres de Champollion le jeune, écrites d'Égypte et
de Nubie en 1828-29. *Paris,* 1829, in-8, br.
> Première édition ; elle ne fut imprimée que jusqu'à la page 184, fut
> détruite et republiée avec figures en plus gros caractères ; le premier
> tirage est très-rare.

2044. Lettres écrites d'Égypte et de Nubie en 1828 et 29, par
Champollion le jeune. *Paris,* 1833, in-8, d.-r. *Fig.*
> Rare.

2045. Ch. Lenormant. Recherches sur la destination des hiéroglyphes d'Hérapollon. *Paris,* 1838. = Cur Plato Aristophanem in convivium induxerit. 1838. = 2 part. en 1 vol.
in-4, d.-r.
> Rares.

2046. Joannis Pierii Hieroglyphica, sive de sacris Ægyptiorum
litteris. *Francofurti ad M.*, 1514, in-4, mar. *fleurdelisé.*
Nombreuses figures sur bois.

2047. Lettre sur la découverte des hiéroglyphes acrologiques,
par Klaproth. *Paris*, 1827, in-8, br.

2048. Brevis defensio hieroglyphices inventæ a Spohn et
Seyffarth, scripsit Seyffarth. *Lipsiæ*, 1826, in-4, br.

2049. Champollion jeune. Aperçu des résultats historiques
de la découverte de l'alphabet hiéroglyphique égyptien.
Paris, 1827, in-8, br. *Rare.*

2050. Notice sur les manuscrits autographes de Champollion
le jeune perdus et retrouvés. *Paris*, 1842, in-8, br.

2051. Lecture littérale des hiéroglyphes et des cunéiformes,
par Barrois. *Paris*, 1853, in-4, br. *17 planches.*

2052. Mémoire sur une représentation hiéroglyphique de la
mère d'Apis, par Aug. Mariette. *Paris*, 1856, in-4, br.

2053. Sur l'Égypte, les hiéroglyphes, l'obélisque de Louqsor,
par Mariette, Champollion, etc. 40 monographies in-8. *Fig.*

2054. Précis sur les pyramidions, par Hittorf. *Paris*, 1836,
in-8, br.

2055. DESCRIPTION des fouilles exécutées en Égypte, par Mariette. *Paris, Gide*, 1863, gr. in-fol. *54 planches.*

2056. Mémoire sur le sérapéum de Memphis, par Brunet de
de Presle. *Paris, I. N.*, 1852, in-4, br.

2057. De Rougé. Notice de quelques textes hiéroglyphiques
publiés par Greene. *Paris*, 1855, in-8, br.

2058. Mémoire sur l'inscription du tombeau d'Ahmès, par
Ém. de Rougé. *Paris*, 1851, in-4, br. *Fig.*

2059. Ueber eine hieroglyphische Inschrift am Tempel von
Edfu. (Appollinopolis magna), von Lepsius. *Berlin*, 1855,
in-4, cart.

2060. Hiéroglyphes. = L'inscription de Philes (hiérogl. et
démot.). 1 f. in-fol. = Le Zodiaque de Denderah. 1 f.
in-fol.

2061. Sur les hiéroglyphes, par Birch, Lenormant, de Bertou,
de Brière, de Rougé, Champollion. 7 pièces in-8, br.

2062. Notice sur la salle des ancêtres au temple de Karnak,
par Prisse. = Sur la table d'Abydos, par Letronne. = *Paris*,
1845, in-8, br. *Fig.*

2063. J. Saint-Martin. Notice sur le Zodiaque de Denderah.
Paris, 1822, in-8, br.

2064. Analyse des recherches de Letronne sur les représentations zodiacales, par Édouard Carteron. *Paris*, 1843, in-8, br.

2065. LETRONNE. Observations sur les représentations zodiacales. 1824. = Lettre sur un papyrus grec. = Mémoire sur une table horaire. = Tabulæ octo ponderum et mensurarum apud Græcos et Romanos. = Inscription grecque de Philé. = Sur le tombeau d'Osymandias. = Deux inscriptions grecques de la grande oasis. = Locutions relatives aux comptes monétaires. = Essai sur la topographie de Syracuse. 1812. = Etc. = 10 parties en 1 vol. in-8, d. mar. r. *Cartes et fig.*
Recueil de pièces devenues rares.

2066. Rapports sur les collections rapportées d'Égypte, par Rifaud. = Descriptions des fouilles et des découvertes faites par M. Rifaud. = 1829, 2 part. en 1 br. in-8.

2067. Notice des monuments d'antiquités égyptiennes du Louvre, par de Rougé. *Paris*, 1849, in-8, br.

2068. Beaulieu. Sur diverses antiquités égyptiennes trouvées à Salzbourg (Bavière). *Paris*, 1841, in-8, br.

6. *Archéologie persépolitaine.*

2069. Ninive et Khorsabad, par Ad. de Longpérier. 1844, in-8, br. *Fig. dans le texte.*

2070. Ninive, par Ch. Lenormant. *Paris*, 1845, in-8, br.

2071. Études sur Ninive et Persépolis, par Eichhoff. *Lyon*, 1852, in-8, br.

2072. Les écritures cunéiformes, par Joach. Ménant. *Paris*, 1860, gr. in-8, br.

2073. Éléments de la grammaire assyrienne, par Jules Oppert. *Paris*, 1860, in-8, br.

2074. État actuel du déchiffrement des inscriptions cunéiformes, par Oppert. *Paris*, 1861, in-8, br.

2075. Les noms propres assyriens, par Joachim Ménant. *Paris*, 1861, gr. in-8, br.

2076. Sur les inscriptions assyriennes de Ninive et sur les noms des rois assyriens, par de Saulcy. *Paris*, 1850, in-8, broché.

2077. Les inscriptions assyriennes des Sargonides et les fastes de Ninive, par Jules Oppert. *Versailles*, 1862. in-8, br.

2078. Inscriptions assyriennes des briques de Babylone, par
J. Ménant. *Paris,* 1859, in-8, br. *Fig.*

2079. Inscriptions de Hammourabi, roi de Babylone, trad. et
publiées par Ménant. *Paris,* 1863, gr. in-8, br.

2080. Inscriptions assyriennes, par Hoefer, Oppert, Ménant,
Saulcy, etc. 6 monographies in-8.

2081. Monuments de la galerie assyrienne du Louvre, par
Ad. de Longpérier. 1849, in-8, br.

2082. Notice des monuments de la galerie assyrienne du
Louvre, par de Rougé. *Paris,* 1852, in-8, papier de Hollande, br.

H. NUMISMATIQUE.

2083. Trésor de numismatique et de glyptique, par Fr. Lenormant (galerie mythologique, numismatique des rois grecs, iconogr. des empereurs romains, bas-reliefs du Parthénon). *Paris,* 1834, 4 part. en 1 vol. in-fol., d.-r. mar. *Nombreuses figures.*

2084. Revue de numismatique, par de La Saussaye. *Paris,* 1843, in-8, br. *21 planches.*

2085. Essai sur la Monnaie dans l'antiquité, par Fr. Lenormant. *Paris,* 1863, in-8, br.

2086. Esquisse de l'histoire de la Monnaie chez les Hébreux, par Greppo. *Belley,* 1837, in-8, br. *Rare.*

2087. Numismata antiqua inedita, notis illustravit Pinder. *Berolini,* 1834, in-4, cart., *4 planches.*

2088. Description des Médailles antiques grecques et romaines, par Mionnet. (Tables générales.) *Paris,* 1837, in-8, br.

2089. Catalogue des Médailles du chevalier de Horta, par Akermann. *Londres,* 1839, in-8, br.

2090. Médailles du cabinet de Magnoncourt, par de Longpérier. *Paris,* 1840, in-8, br.

2091. Notice des Monnaies françaises de la collection Rousseau, par Ad. de Longpérier. *Paris,* 1847, in-8, br., *9 planches.*

2092. Description des Médailles et des Antiquités de l'abbé Greppo, par M. de Witte. *Paris,* 1856, gr. in-8, br.

2093. Lettres sur les graveurs des monnaies grecques, par Raoul Rochette. *Paris,* 1831, in-4, br.

— 128 —

2094. Beulé. Les Monnaies de Solon et de Pisistrate. 1857, in-8, br., *fig.* = Le Stéphanéphore. *Paris,* 1857, in-8, br., *fig.*

2095. Les Monnaies d'Athènes, par Beulé. *Paris,* 1858, gr. in-4, d.-rel. mar. v. *Figures dans le texte.*
Tiré à petit nombre.

2096. Essai historique et critique sur les Monnaies d'argent de la ligue achéenne, par Cousinery. *Paris,* 1825, in-4, br.

2097. Die Æra des Philippus, von Pinder. *Berlin,* 1851, in-8, br., *fig.*

2098. Recherches sur les Monnaies frappées en Grèce, après la défaite de Philippe V, par Lenormant. In-8, br.

2099. Essai sur le classement des Monnaies d'argent des Lagides, par Lenormant. *Blois,* 1855, in-8, br., *8 planches.*

2100. Deniers de Balscha III, par Fr. Lenormant. In-8, br., *fig.*

2101. Mionnet. De la rareté et du prix des médailles romaines. *Paris,* 1827, *2 tomes* en 1 vol. in-8, d.-rel., *fig.*

2102. Médailles italiotes de la guerre sociale, par Prosper Mérimée. 1845, in-8, br., *fig.*

2103. Die Münzen Justinians, von Pinder und Friedlander. *Berlin,* 1843, in-8, br., *6 planches.*

2104. Ueber die Cistophoren und über die kaiserlichen Silbermedaillons der römischen Provinz Asia, von Pinder. *Berlin,* 1856, in-4, cart., *8 planches.*

2105. Le Monete attribute all' antica citta di Luceria, per Riccio. *Napoli,* 1846, in-4, br.

2106. Minervini. Medaglie dell' antica Dalvon. *Napoli,* 1852, in-8, br. = Un vaso Volcente. *Napoli,* 1851, in-4, br.

2107. Numismatique des rois latins de Chypre, 1192-1489, par Eug. de Rozière. *Paris,* 1847, in-4, br.

2108. Essai de classification des suites monétaires byzantines, par de Saulcy. *Metz,* 1836, 1 vol. in-8 de texte et 1 vol. in-4 de *33 planches,* d.-rel. mar.

2109. De la signification des lettres O. B. sur les monnaies byzantines, par Pinder. *Berlin,* 1851, in-8, br.

2110. Essai sur les aspres Comnetats ou blancs d'argent de Trébisonde, par Pfaffenhoffen. *Paris,* 1847, in-4, br., *18 planches.*

2111. Sur les Monnaies géorgiennes, par Brosset jeune. *S. d.,* in-8, br.

2112. Essai sur les médailles des rois perses de la dynastie sassanide, par Ad. de Longpérier. *Paris*, 1840, in-4, br., *12 planches.*

2113. Revue de la Numismatique française, par Eug. Cartier et de La Saussaye. *Blois,* 1836-41, *6 tomes* en 3 vol. in-8, d.- mar. v.

2114. Numismatique de la Gaule narbonnaise, par de La Saussaye. *Blois,* 1842, in-4, br., *23 planches.*

2115. Description des médailles gauloises de la Bibliothèque royale, par Duchalais. *Paris*, 1846, in-8, br.

2116. Dissertation sur un ornement figuré sur les médailles gauloises de l'Armorique, par Deville. *S. d.,* in-4, br.

2117. Description de quelques médailles inédites de Massilia, par le marquis de Lagoy. *Aix*, 1834, gr. in-8, br., *fig.*

2118. De La Saussaye. Monnaie des Éduéens.*Paris*, 1846, in-8, br., *fig.*

2119. Du système monétaire des Francs sous les deux premières races, par Guérard. *Blois*, 1837, in-8, br. *Rare.*

2120. Fragments d'histoire métallique, par de Fontenay. *Autun*, 1847, in-8, br., *25 planches.*

2121. Nouvelle étude de jetons, par de Fontenay. *Autun*, 1850, in-8, br.

2122. Études numismatiques sur une partie du nord-est de la France, par Robert. *Metz*, 1852, gr. in-4, br., *18 planches.*

2123. Recherches sur les monnaies des évêques de Metz. *S. d.,* in-8, br., *fig.*

2124. Recherches sur les Monnaies de la cité de Metz, par de Saulcy. *Metz*, 1836, in-8, br., *fig.* = Notice sur les monnaies de Cugnon, par Aug. Chabouillet. In-8, br.

2125. Recherches sur les monnaies des ducs héréditaires de Lorraine, par de Saulcy. *Metz*, 1841, in-4, br., *36 planches.*

2126. Ch. Robert. Numismatique lorraine, in-4, br. *2 pl.*

2127. Recherches sur les monnaies et les jetons des Maîtres Échevins, par Ch. Robert. *Metz*, 1853, in-4, br. *6 planches.*

2128. Numismatique de Cambrai, par Robert. *Paris*, 1861, gr. in-4, br. *56 planches.*

2129. Numismatique de Cambrai, par Robert. *Paris*, 1861, in-4, br.
   Nouvelle édition des 110 premières pages de l'ouvrage.

2130. Recherches sur les monnaies des évêques de Toul, par Robert. *Paris*, 1844, in-4, br. *10 planches.*

2131. Recherches sur les monnaies de Meaux, par Ad. de Longpérier. *Paris,* 1840, in-8, br. *fig.*

2132. Ch. Robert. Monnaies de Macon. = Monnaies austrasiennes inédites, etc. 3 pièces in-8, br.

2133. Monnaies des Arvernes, par Ch. Lenormant. *Paris,* 1857, in-8, br., *fig.*

2134. Recherches sur les monnaies au type chartrain, par E. Cartier. *Paris,* 1846, in-8, br., *16 planches.*

2135. Sur les médailles et monnaies, principalement françaises. = 52 monographies, in-8, *fig.*

2136. Observations sur les monnaies de Haynaut au nom de Guillaume, par Deschamps. *Blois,* 1840, in-8, br. *fig.*

2137. Notice sur la monnaie de Trévoux et de Dombes, par Mantellier. *Paris,* 1844, in-8, br.

2138. Notice sur un jeton frappé en Piémont sous la domination française, par Chabouillet. In-8, br.

2139. Essai de classification des monnaies autonomes de l'Espagne, par de Saulcy. *Metz,* 1840, in-8, d.-mar. v., *planches.*

2140. Numismatique ibérienne, par Boudard. *Béziers,* 1859, in-4, en 8 livraisons, *40 planches.*
Complet.

2141. Le Médailler de Pologne, par le comte Éd. Raczynski. *Breslau,* 1838, 2 vol. in-4, cart., *261 planches.*
Très-belle publication.

2142. Collection de monnaies et médailles de l'Amérique du Nord, par Alexandre Vattemare. *Paris,* 1861, in-12, br.

2143. Recueil des sceaux normands et anglo-normands, précédé de l'extrait du Cartulaire des chartes, diplômes, etc., qui existent dans les diplômes de Calvados, publié et dessiné par d'Anisy. *Caen,* 1834, in-4, obl., *30 planches.*

2144. Sceaux des comtes d'Artois, par Deschamps de Pas. *Paris,* 1857, in-4, br., *fig.*

2145. Léon de La Borde. La collection des empreintes de Sceaux des Archives de l'Empire. *Paris, I. I.,* 1863, in-4, br.

I. ÉPIGRAPHIE.

2146. Specimen epigraphicum edidit Otto Jahn. *Kiliæ,* 1841, in-8, br.

2147. Analecta epigraphica et onomatologica, scripsit Keilius. *Lipsiæ*, 1842, in-8, br.

2148. Epigraphische Analecten, von Mommsen, 1852, in-8, br.

2149. Ritschel. De titulo Aletrinati commentarius. — Monumenta epigraphica tria, *Berolini*, 1852. 2 part. en 1 vol., in-4, br. *fig.*

2150. Schedæ epigraphicæ, scripsit Keilius. *Numburgi*, 1855, in-4, br.

2151. Sur quelques inscriptions antiques, par Allmer. *Vienne*, 1858, in-8, br.

2152. Mélanges épigraphiques, par Léon Renier. *Paris*, 1852, in-8, br.

2153. Ouvrages de M. Ph. Le Bas, sur les Inscriptions et les antiquités, 10 monogr. in-8 et in-4.

2154. Inscriptions antiques, environ 50 monogr. in-4.

2155. Inscriptions antiques trouvées principalement en France, 50 monogr. in-8.

2156. Histoire de la ville de Lyon, par Montfalcon. (Inscriptions antiques). *Lyon*, 1847, in-4 br. *Papier de Hollande.*

2157. Description du musée lapidaire de la ville de Lyon, par Comarmond. *Lyon*, 1846, in-4, d.-rel. mar. v. 19 *pl.*

2158. Valerius Probus. De notis antiquis, von Mommsen. *Leipsig*, 1853, in-8, br.

2159. Griechische und Lateinische Inschriften, von Richter. *Berlin*, 1830, in-4, br.

2160. Recueil des inscriptions grecques et latines de l'Égypte, par Letronne. *Paris, I. R.*, 1842, 2 vol. in-4, cart. et atlas gr. in-4.

> A cet exemplaire se trouve joint un travail critique manuscrit de M. Hase, 16 pages, in-8.

2161. Sylloge inscriptionum græcarum et latinarum, editore Osann. *Darmstadæ*, 1820-1830. 9 fasc. en 2 vol. in-fol. cart. non rognés.

2162. De tabulis Eugubinis, scripsit Lepsius. *Berolini*, 1833, in-8, cart.

2163. De tabulis alimentariis disputatio, auctore Ern. Desjardins. *Parisiis*, 1854, in-4, br. *fig.*

2164. Elementa epigraphices græcæ, scripsit Franzius, *Berolini*, 1840, in-4, br.

2165. Inscriptiones gr. ineditæ, ad Boeckh misit Ussing. *Hauniæ*, 1847, in-4, br.

2166. Sylloge inscriptionum Boeticarum (part. 1), edidit Keil. *Numburgi,* 1845, in-4. br.

2167. Inscriptiones græcæ ineditæ, collegit Rossius. (Fasc. III.) *Berolini,* 1845, in-4, br.

2168. Ueber Boeckh's griechische Inschriften, von Hermann. *Leipsig,* 1826. = Et autres pièces sur les inscriptions, par d'Ansse de Villoison, Letronne, Koppen, etc. = 10 part. en 1 vol. in-8, d.-mar. *fig.*

2169. Observations sur le style elliptique des inscriptions dédicatoires par Letronne. *Paris,* 1850, in-8, br.

2170. Trois dissertations sur l'inscription de Delphes, la signature des œuvres d'art dans l'antiquité, etc., par J.-P. Rossignol. *Paris,* 1850, in-8, br.

2171. Letronne. Restitution d'une inscription métrique, 1824. = Inscription grecque du temple de Talmis, in-4, br.

2172. Explication d'une inscription grecque trouvée dans l'intérieur d'une statue antique de bronze, par Letronne. *Paris, I. 1.* 1843, in-4, br.

2173. Sur l'inscription gréco-latine trouvée à Fréjus, par Miller. *Paris,* 1861, in-8, br.

2174. Recherches archéologiques à Éleusis (Inscriptions), par Fr. Lenormant. *Paris,* 1862, in-8, br.

2175. Delectus inscriptionum romanarum, edidit Zell. *Heidelbergæ,* 1850, 2 vol. in-8, d. mar. v.

2176. Zumptii commentationum epigraphicarum ad antiquitates romanas pertinentium volumen. *Berolini,* 1850, in-4, cart. non rogné.

2177. Inscriptionum latinarum specimen, auctore Quaranta. = Monumentum Urbani Leverrier. = etc., 3 part. in-4, br.

2178. Ritschel. De fictilibus litteratis latinorum antiquissimis. *Berolini,* 1853, in-4, br. *fig.*

2179. De Lavinio, commentatio epigraphica, scripsit Zumptius. *Berolini,* 1845, in-4, br.

2180. Cæsaris Augusti index rerum a se gestarum, sive monumentum Ancyranum restituit Franzius, notis instruxit Zumptius. *Berolini,* 1845, in-4, cart.

2181. Monographie de la table de Claude, par Montfalcon. *Paris, Didron.* 1853, in-fol. cart. *fig.*

2182. Das Edict Diocletians, von Mommsen. *Leipsig,* 1851, in-8, br.

2183. Ueber die Zeitfolge der Verordnungen Diocletians und

seiner Mitregenten, von Mommsen. *Berlin,* 1861, in-4, cart.
fac-simile.

2184. Édit de Dioclétien établissant le maximum dans l'empire romain, par Waddington. *Paris,* 1864, in-4, br.

2185. Inscriptions antiques de Luxeuil et d'Aix-les-Bains,
par Bourquelot, in-8, br.

2186. Lettre à M. Hase sur une inscription latine du second
siècle, trouvée à Bourbonne-les-Bains, par Berger de Xivrey,
Paris, 1833, in-8, d.-rel, mar. r.

2187. Lettre sur une inscription funéraire du musée de Lyon,
par Greppo. *Lyon,* 1838, in-8, br. *fig. Rare.*

2188. Les inscriptions de l'ancienne université de Montpellier,
1860, in-4, br. *fig.*

2189. Die Römischen Inschriften des Kantons Basel, 1843.
in-4, br.

2190. Inscriptiones Helvetiæ, collecta ab Orellio. *Turici,*
1844, in-4, br.

2191. Avellino. Iscrizioni graffiti sulle mura di Pompei.
Napoli, 1841, in-4, br. = Epigrafe osca di Pompei. *Napoli,*
1851, in-4, br. *fig.*

2192. Inscriptions tracées à la pointe sur les murs de Pompei,
par F. Lenormant. *Paris,* 1854, in-8, br.

2193. Inscriptiones veteres Reate quæ exstant, excripsit
Garrucci. *Bruxellis,* 1854, in-8, br.

2194. Inscriptions antiques de Nice, recueillies par Bourquelot, *Paris,* 1850, in-8, br. — Les îles de Lerins, par Bourquelot, in-8, br.

2195. Notice sur quelques inscriptions antiques tirées de
quelques tombeaux juifs à Rome, par Greppo. *Lyon,* 1835,
in-8, br.

2196. Catacombes de Rome, par L. Perret (explication et
table des Inscriptions chrétiennes, par Léon Renier). *Paris,*
1853, gr. in-folio, br.

2197. Lettre sur quelques inscriptions de l'Ombrie et du
Picenum, par Noël Desvergers. *Saint-Cloud,* 1845, in-8, br.

2198. Gervasio. Su talune iscrizioni del real museo Borbonico.
Napoli, 1856, in-4, br. = Iscrizione Sipontina, 1837,
in-4, br.

2199. Gervasio. Una iscrizione sipontina, *Napoli,* 1837, in-4,
= Iscrizione Puteolana. *Napoli,* 1851, in-4, br.

2200. Gervasio sopra alcuni iscrizioni raguardanti il Macello nell' antica Pozzuoli. *Napoli*, 1852, in-8. *4*

2201. Gervasio. Sul monumento sepolcrale di Gavia Marciana. *Napoli*, 1853, in-4, br. = Sulla iscrizione onoraria di Mavorzio in Pozzuoli, 1846, in-4, br.

2202. Gervasio. Iscrizione onoraria di Celio-Vero. *Napoli*, 1852, in-4, br. = Due iscrizioni Messinesi. *Napoli*, 1840, in-4, br.

2203. L'antica lapida napolitana di Tettia Casta, da Minervini. *Napoli*, 1845, in-8, br.

2204. Inscriptiones regni neapolitani latinæ, edidit Mommsen. *Lipsiæ*, 1852, gr. in-4, d.-rel.

2205. Rapport sur quelques inscriptions latines récemment découvertes dans l'ancienne régence d'Alger, par M. Hase, in-4, cartonné.
> Exemplaire enrichi de notes manuscrites de M. Hase et d'inscriptions nombreuses dessinées par M. Lucas, capitaine du génie, et restées inédites.

2206. Letronne. Inscription d'une borne milliaire sur la voie romaine de Carthage à Thebessa, in-8, br.

2207. Quelques inscriptions de la province de Constantine, recueillies par le dr Guyon. *Alger*, 1838, in-fol.

2208. Inscriptions romaines de l'Algérie, publiées et expliquées par Léon Renier. *Paris, I. I.*, 1855, 14 livr. in-4.
Complet.

2209. Inscriptions romaines de l'Algérie, publiées et expliquées par Léon Renier. *Paris*, 1855, 14 livr. in-4.
Complet.

2210. Sur l'origine chrétienne des inscriptions sinaïtiques, par Lenormant, 1859, in-8, br.

2211. Inscriptions chrétiennes de Milan, par Bourquelot. *Paris, s. d.*, in-8, br.

2212. Sur l'inscription chrétienne d'Autun, 8 monogr. in-8, br. *fac-simile*.

2213. Inscriptions chrétiennes de la Gaule, antérieures au viiie siècle, par Ed. Le Blant. *Paris, I. I.*, 1856, in-4, br., *42 planches*.
> Avec une lettre autographe et 30 pages n-fol. de notes de la main de l'auteur.

2214. Inscriptions chrétiennes de la Gaule, par Le Blant. *Paris, I. I.*, 1856, 1 t. en 3 livr. in-4, br., *42 planches*.

2215. Ern. Renan et Leblant. Sur une inscription trilingue découverte à Tortose. *Paris*, 1860 in-8, br.

2216. Mémoire sur quelques inscriptions puniques, par Quatremère. *Paris, I. R.*, 1828, in-8, br.

2217. Mémoire sur deux inscriptions puniques découvertes dans l'île du port Cothon, à Carthage, par l'abbé Bargès. *Paris*, 1849, in-4, br. *fig.*

2218. Mémoire sur trente-neuf nouvelles inscriptions puniques expliquées et commentées par l'abbé Bargès. *Paris*, 1852, in-4, br.

2219. Mémoire sur une nouvelle inscription phénicienne, par de Vogué. *Paris*, 1860, in-4, br., *fig.*

J. HISTOIRE LITTÉRAIRE.

1. Histoire des littératures.

2220. Rapport sur les progrès de la littérature ancienne depuis 1789, par Dacier. *Paris*, 1810, in-4, d.-rel.

2221. Allgemeine Monatsschrift für Literatur, herausg. von Ross. *Halle*, 1850. 14 part. in-8, br.

2222. Mélanges d'histoire littéraire, par Guill. Favre, publiés par Adert. *Genève*, 1856, 2 vol. in-8, br.

2223. Heeren. Geschichte des Studiums der classischen Literatur. *Gottingen*, 1797, 2 t. en 1 vol. in-8, d.-rel.

2224. Beitraege zur Griechischen und Römischen Literaturgeschichte, von Osann. *Darmstadt*, 1835, 2 vol. in-8, br.

2225. Histoire du sentiment poétique de la nature dans l'antiquité grecque et romaine. *Paris*, 1860, in-8, br.

2226. Petersen. Handbuch der griechischen Literaturgeschichte. *Hamburg*, 1834, in-8, d.-mar., r.

2227. Kleine Schriften zur Griechischen Literaturgeschichte, von Welcker. *Bonn*, 1844, in-8, cartonné.

2228. Aperçu sur les origines de la littérature grecque, par Egger. *Paris*, 1846, in-8, br.

2229. Homère et Hésiode, par Guigniaut, *s. d.*, in-8, br.

2230. Luciani quæ fuerit de re litteraria judicandi ratio, scripsit Rigault. *Parisiis*, 1856, in-8, br.

2231. Titus Pomponius Atticus, auctore Fialon, *Lutet*, 1861, in-8, br. = Tournier. De Aristea et Arimaspeo poemate.

Lutet, 1863, in-8, br. = Gebhart. De varia Ulyssis apud veteres poetas persona. 1860, in-8, br.

2232. Essai sur l'école juive d'Alexandrie, par Biet. *Paris*,
1854, in-8, br.

2233. Geschichte der Römischen Literatur, von Baehr. *Carlsruhe*, 1832, in-8, d. mar. v.

2234. De Ciceroniano bello apud recentiores, scripsit Lenient.
Parisiis, 1855, in-8, br.

2235. Suetonii Tranquilli de Grammaticis et Rhetoribus libelli,
recensuit Osann. *Gissæ*, 1854, in-8, br.

2236. Die Schriftstellerei des Terentius Varro, von Ritschl.
Bonn, 1847, in-8, br.

2237. De Luciis Cinciis, scripsit Hertz. *Berolini*, 1842, in-8,
br. = De Nigidii Figuli studiis atque operibus, scripsit Hertz.
Berolini, 1845, in-8, br.

2238. De poesi christiana quarto sæculo, scripsit Albert. *Parisiis*, 1858, in-8, br.

2239. HISTOIRE LITTÉRAIRE DE LA FRANCE. (t. XI, XII, XVII à XXIV).
Paris, 1841-62, 10 vol. in-4. br.

2240. De la littérature française, par de Barante (3e édit.)
Paris, 1822, in-12 br.

2241. Recherches sur les sources antiques de la littérature
française, par Berger de Xivrey. *Paris*, 1829, in-8, d.-v.

2242. Geschichte der Französischen Nationalliteratur, von
Kreyssig. *Kœnigsberg*, 1851, in-8, cartonné.

2243. Guibal. De litterarum in Gallia meridiana restitutione.
Toulouse, 1863. in-8 br.

2244. Des ouvrages inédits de la littérature française au
moyen âge, suivi de la description de trois manuscrits de
Partonopeus, par Crapelet. 1834, in-8 br.

2245. Le collége des droits de l'ancienne université de Caen,
par Jules Cauvet. *Caen*, 1858, in-8 br.

2246. Histoire du roman et de ses rapports avec l'histoire,
par Chassang. *Paris*, 1862, in-8 br.

2247. Des opinions et jugements littéraires de Montaigne, par
E. Moet. *Auch*, 1859, in-8 br.

2248. Henri IV considéré comme écrivain, par Eug. Jung.
Paris, 1855, in-8, br.

2249. Les gladiateurs de la république des lettres aux xvie et
xviie siècles, par Ch. Nisard. *Paris*, 1860, 2 vol. in-8, br.

2250. Tableau de la littérature française avant Corneille et Descartes, par Demogeot. *Paris*, 1859, in-8, br.

2251. Faugère. Génie et écrits de Pascal. *Paris*, 1847, in-8, br.

2252. Histoire de la querelle des Anciens et des Modernes, par Hipp. Rigault. *Paris*, 1856, in-8, br.

2253. Histoire de la littérature française pendant la révolution, par Géruzez. *Paris*, 1859, in-12, br.

2254. Notice sur les travaux littéraires de l'abbé de La Rue, par Galeron. *Caen*, 1837, in-8, br.

2255. Dictionnaire des hommes de lettres par Guyot de Fère. *Paris*, 1834, in-8, d.-mar., r.

2256. Handbuch der spanischen Literatur, von Lemcke. *Leipzig*, 1855, 2 vol. in-8, br., neufs.

2257. Storia della litteratura italiana di G. Tiraboschi. *Modena*, 1772-1782, 10 t. en 13 vol. in-4, d.-rel.

2258. Dino Compagni. Étude sur l'époque du Dante, par Karl Hillebrand. *Paris*, 1861, in-8, br.

2259. Document historique de Boccace sur Pétrarque, manuscrit de la Bibliothèque de Saint-Marc, publié par de Valori. *Avignon*, 1851, in-8, br.

2260. De Balthassaris Castilionis (Castiglione) opere cui titulis : Il libro del Cortegiano. *Cadomi*, 1856, in-8, br.

2261. Métastase considéré comme critique, par Victor Faguet. *Poitiers*, 1856, in-8, br.

2262. Tableau de la littérature du Nord au moyen âge, par Eichhoff. *Paris*, 1853, in-8, br.

2263. Histoire de la langue et de la littérature des Slaves, par Eichhoff. *Paris*, 1839, gr. in-8, d. m., rel.

2264. F. Baconis de re litteraria judicia, scripsit Jacquinet. *Parisiis*, 1863, in-8, br.

2265. Deutsche Universitäten, von Wuttcke. *Leipsig*, 1842. 2 t. en 1 vol. in-12, d.-rel., mar.

2266. Lessing et le goût français en Allemagne, par L. Crouslé. *Paris*, 1863, in-8, br.

2267. Historia gymnasii Leovardiensis, auctore Boot. *Leovardiæ*, 1854, in-8, br.

2268. Allemagne. = Recueil sur la littérature de l'Allemagne depuis 1800. 150 pièces en 6 forts vol. in-8, d.-rel., mar.

2269. De l'état de la littérature chez les populations chrétiennes arabes de Syrie, par Reinaud. *Paris*, 1856, in-8, br.

2. *Paléographie.*

2270. BIBLIOTHÈQUE DE L'ÉCOLE DES CHARTES. *Paris*, 1839-63,
24 années, reliées et brochées.
Les années 1839 à 52 sont reliées.

2271. De libris palimpsestis tam latinis quam græcis, disseruit Mone. *Carlsruhæ*, 1855, in-8, br.

2272. De charta papyracea, scripsit Gerden. *Lundæ*, 1795,
in-8, br.

2273. Reuvens. Trois lettres à M. Letronne, sur les papyrus
bilingues et grecs, par Reuvens. *Leyde*, 1830, 3 parties et
atlas en 1 vol. in-4, d.-rel.
Exemplaire complet.

2274. SILVESTRE. Paléographie grecque. *Paris, Didot*, 1843,
gr. in-fol., d.-rel., mar., *41-planches coloriées.*
Superbe volume.

2275. Annonce contenue dans un papyrus grec (146 ans
avant J.-C.), traduit et expliqué par Letronne. *Paris,*
1833, in-4, br.

2276. Die Griechischen Papyrus-Urkunden der Koenigl. Bibl.
zu Berlin, von Schmidt. *Berlin*, 1842, in-8, br., *fac-simile.*

2277. Papiri greci del museo britannico di Londra, illustrati
da Peyron. *Torino*, 1841, in-4. br.

2278. Papyrus grecs, 5 planches in-fol. montées sur toile,
dont une porte une explication mss. de M. Hase.

2279. Mémoire sur des fragments de papyrus écrits en latin,
par Natalis de Wailly. *Paris*, 1842, in-4, br., *fac-simile.*

2280. Paléographie latine. Cahiers de *fac-simile*, publiés par
l'École des Chartes. 4 cahiers in-fol.

2281. Paléographie latine. *17 planches*, gr. in-4.
Ce sont les planches de la paléographie de Wailly.

2282. Paléographie. = Foscolombe. Préambule d'un édit de
Dioclétien, 1829. = Passavant. Description de la Bible de
Charlemagne, 1829. = De Sacy. De l'écriture chez les
Arabes, 1827. = Scholz. De menologiis. *Bonnæ*, 1823. =
etc. = 20 mémoires en 2 vol. in-8, d.-mar., r.
Recueil intéressant.

2283. NOTICES et extraits des manuscrits de la bibliothèque

impériale (tomes IX, et XI à XX). *Paris*, *I. 1.*, 1813-1862, 15 vol. in-4, cart.

3. *Académies.*

2284. Académie des Inscriptions et belles-lettres. Comptes rendus des séances, par Desjardins. *Paris*, 1858-60 et 62, 3 vol. in-8, br.

2285. MÉMOIRES DE L'ACADÉMIE DES INSCRIPTIONS ET BELLES-LETTRES. *Paris*, *I. R.* 1824-1861, 25 vol. in-4.
Tomes VII à XXIV.

2286. Table générale des mémoires de l'Académie des inscriptions et belles-lettres, par de Rozière et Eug. Châtel. *Paris, Durand,* 1856, in-4, br.

2287. MÉMOIRES présentés par divers savants à l'Académie des inscriptions (sujets divers d'érudition). *Paris, I. I.,* 1844-1860, 9 t. en 7 vol. in-4, cart.

2288. L'institut des langues orientales de Moscou, trad. du russe et de l'arménien, par Dulaurier. *Paris*, 1858, in-8, br.

2289. Recueil de pièces publiées par les académies de Paris, Berlin et Saint-Pétersbourg, etc. Environ 100 pièces en 2 vol. gr. in-4, d.-rel., mar.

2290. Mémoires, ou travaux originaux présentés et lus à l'institut égyptien. *Paris*, 1862, in-4, br.

K. BIOGRAPHIE.

2291. Cornelius Nepos, curante Descuret, notas edidit Le Clerc. *Parisiis, Lemaire,* 1820, in-8, d.-mar. v. *Fig.*
M. Hase a joint à ce volume une dissertation dont voici le titre : *Disquisitio critica de auctoritate Cornelii Nepotis*, autore Hisely. *Delphis,* 1827, 205 pages.

2292. Diogenes Laertius. De vita philosophorum libri, edidit Cobet, gr. et lat. *Parisiis, Didot,* 1850. gr. in-8, d.-rel. m.

2293. Étude sur Marc Aurèle, par de Suckau. *Paris*, 1857, in-8, br.

2294. Plutarchi vita Solonis, edidit Westermann. *Brunswigæ,* 1840, in-8, br.

2295. Annotationes in Plutarchi vitas parallelas, scripsit Held. *Norimbergæ,* 1814, in-12, cart.

2296. Étude sur la vie et sur les œuvres d'Oppien de Cilicie, par H. Martin. *Paris*, 1863, in-8, br.

2297. Aubé. De Constantino Imp. Pontifice Maximo. *Lutetiæ*, 1861. = Postansque. De Marini Sanuti vita. *Monspellii*, 1855, in-8, br. = Moët. Bossuetius et Fenelo, 1859, in-8, br.

2298. Étude sur la vie et les œuvres de Synésius (v° siècle), par Druon. *Paris*, 1859, in-8, br.

2299. Mémoire sur la vie et les ouvrages de Manuel Paleologue, par Berger de Xivrey. *Paris*, 1851, in-4, br.

2300. Commentatio de Annio Cimbro, scripsit Husckius. *Rostochii*, 1834, in-4, br.

2301. The life of Belisarius, by lord Mahon. *London*, 1829, in-8, d. v.

2302. Die Biographieen der Troubadours in provenzalischer Sprache, herausgegeben von Mahn. *Berlin*, 1853, in-8, br.

2303. Alcuin, par Fr. Monnier. *Paris*, 1853, in-8, br.

2304. Huguenin. Étude sur l'abbé Suger. *Paris*, 1855, in-8, br.

2305. Meunier. Essai sur la vie et les ouvrages de Nicole Oresme. *Paris*, 1857, in-8, br.

2306. Guillaume du Vair, par Cougny. *Paris*, 1857, in-8, br.

2307. Jean des Mares, avocat général, par Bourquelot. *s. d.*, in-8, br.

2308. Essai sur la vie et les écrits de Jacques Lefèvre, par Graf. *Strasbourg*, 1842, in-8, br.

2309. Agrippa d'Aubigné. sa vie et ses œuvres, par Postansque. *Montpellier*, 1854, in-8, br.

2310. Segrais. Sa vie et ses œuvres, par Brédif. *Paris*, 1863, in-8, br.

2311. Discours sur la vie et les ouvrages du présid. de Thou, par Guérard. *Paris*, 1824, in-8, br. *Rare*.

2312. Léon Feugère. Études sur Ducange. 1852, in-8, br. = Études sur Scévole de Sainte-Marthe. 1854, in-12, br.

2313. La princesse des Ursins. Études sur sa vie, par Fr. Combes. *Paris*, 1858, in-8, br.

2314. Études sur la vie de Bossuet, par Floquet. *Paris*, 1855, 3 vol. in-8, br.

2315. Étude sur la vie et les œuvres de Pélisson, par Marcou. *Paris*, 1859, in-8, br.

2316. Étude sur Bayle, par Lenient. *Paris*, 1855, in-8, br.

2317. Étude sur l'abbé Dubos, par Morel. *Paris*, 1850, in-8, broché:

2318. Étude sur la vie de l'abbé de Saint-Pierre, par Ed. Goumy. *Paris,* 1859, in-8, br.

2319. Biographie de Fontenelle, par Charma. *Caen*, 1846, in-8, br.

2320. Mémoire sur le marquis d'Argens, par Damiron. *Paris,* 1856, in-8, br.

2321. Arago. Biographie de J. Sylvain Bailly. *Paris,* 1852, in-4, br.

2322. Joseph Lebon. Étude biographique, par son fils. *Paris,* 1861, in-8, br.

2323. Essai sur la vie de Malesherbes, par Boissy d'Anglas. *Paris,* 1819, 2 part. en 1 vol. in-8, d.-rel.

2324. Mémoire sur Dalembert, par Damiron. *Paris,* 1854, in-8, br.

2325. Notices historiques sur Visconti, par Émeric David. In-8, br.

2326. Notice sur Daunou, par Guérard, et sur Guérard, par Natalis de Wailly. *Paris,* 1855, in-8, br.

2327. Documents biographiques sur Daunou, par Taillandier. *Paris,* 1847, in-8, br.

2328. Notice biographique sur Dulaure, par Taillandier. *Paris,* 1836, in-8, br.

2329. Notice sur la vie et les ouvrages de Champollion jeune, par Silvestre de Sacy. 1833. = Sur Silvestre de Sacy, par Reinaud. 1838. = 2 parties in-8, br.

2330. Silvestre de Sacy. Notice sur la vie de Champollion jeune, Abel de Rémusat et le baron Dacier. 1833-34, 3 pièces in-8, brochées.

2331. Notice sur les travaux de Eug. Burnouf, par Pavie. *Paris,* 1853, in-8, br.

2332. Notice sur Ch. Lenormant, par de Witte. *Bruxelles,* 1861, in-12, br.

2333. Éloge de Biot, par de Carné; de Duméril, par Flourens; et de Képler, par Bertrand. 1863-64, 3 part. in-4, br.

2334. Biographies de Delambre, Rollin, Wyttenbach, Lessing, Wieland, etc. 6 part. en 1 vol. in-8, d.-rel.

2335. Éloges historiques de Beautemps-Beaupré, Geoffroy Saint-Hilaire, Halévy, etc., etc. Environ 50 pièces in-4.

2336. Biographie des hommes du jour, par Germain Sarrut et Saint-Edme. *Paris,* 1835, 2 vol. gr. in-8, d.-rel. mar. *Portraits.*

2337. Biographie des contemporains, par Rabbe, etc. *Paris,* 1834, 5 vol. in-8, d.-rel. mar. v., *fig.*

2338. Études critiques et biographiques contemporaines. *Paris,* 1854-56, 3 vol. in-8, br.

2339. Guigniaut. George Zoéga. *S. d.,* in-8, br.

2340. Creuzer's aus dem Leben eines alten Professors. *Darmstadt,* 1848, in-8, br.

2341. Hencke, von Bellmann und Wolf. *Leipsig,* 1816, in-8, cart.

2342. Winckelmann. Ein Beitrag zu dessen Biographie, von Rosetti und Boettiger. *Dresden,* 1818, in-8, br.

2343. Winckelmann, von Otto Jahn. *Greifswald,* 1844, in-8, broché.

2344. Schweighaeuser memoriæ Oberlini. *Argentorati,* 1806, in-8, br.

2345. Leben und Studien Wolf's, von Korte. *Essen,* 1833, 2 t. en 1 vol. in-8, d. mar. r.

2346. Wolf (Fr.-Aug.). Seine Lebensgeschichte, von Hanhart. *Basel,* 1825, in-8, cart. *Notes manusc.*

2347. Essai sur la vie et les travaux d'Orelli, par Adert. *Genève.* 1849, in-8, br.

2348. Lexicon der deutschen Dichter und Prosaisten. *Leipsig,* 1806, 6 vol. in-8, v. gr.

2349. Leben des Feldmarschalls Carl zu Schwarzenberg, von Prokesch. *Wien,* 1823, in-8, d. mar. r.

2350. Dissertatio de Raymundo de Sabunde, auctore Rothio. *Turici,* 1846, in-8, br.

2351. De Raimondi de Sabunde vita et scriptis, commentatus est Kleiber. *Berolini,* 1856, in-4, br.

2352. Jérôme Savonarole. Sa vie, ses prédications, ses écrits, par Perrens. *Paris,* 1853, gros in-8, br.

2353. Étude sur Sadolet (1477-1547), par Joly. *Caen,* 1856, in-8, br.

2354. De vita Gualtheri dicti de Castillione, scripsit Mueldener. *Gottingæ,* 1854, in-8, br.

2355. Guichardin, historien et homme d'État, par Eug. Benoist. *Marseille,* 1862, in-8, br.

2356. Notice sur Bartolomeo Borghesi, par Ern. Desjardins. *Paris,* 1860, in-8. br.

2357. Henri Sarasin. Biographie d'un jeune savant, par Ern. Naville. *Genève,* 1862, in-8, br.

2358. De decani Jonathan Swift vita et scriptis, disseruit Pré-
vost-Paradol. *Parisiis*, 1855, in-8 br.

2359. Samuel Johnson. Étude par Reynald. *Paris*, 1856,
in-8, br.

2360. Biographies des savants de toutes les nations. 70 pièces
in-8.

L. BIBLIOGRAPHIE.

1. *Introduction, histoire de l'imprimerie.*

2361. Peignot. Dictionnaire historique et bibliographique.
Paris, 1822, 4 vol. in-8, d. mar. v.

2362. Miller. Revue de bibliographie analytique. *Paris*, 1841-
44, 4 années, d.-rel. mar., et des livraisons.

2363. Deville. Examen d'un passage de Pline relatif à une
invention de Varron. 1847, in-8, br.

2364. Essai historique sur Gutenberg, par Gama. *Paris*, 1857,
in-8, br.

2365. Origines de l'imprimerie, par Lambinet. *Paris*, 1810,
2 vol. in-8, br.

2366. Kritische Geschichte der Erfindung der Buchdrucker-
kunst durch Guttemberg, von Wetter. *Mainz*, 1836, gr.
in-8, d.-rel. mar. r., et atlas in-4 obl. *Figures coloriées.*

2367. Débuts de l'imprimerie à Mayence et à Bamberg, ou
description des lettres d'indulgence du pape Nicolas V, par
Léon de Laborde. *Paris*, 1840. = La plus ancienne gravure
de la bibliothèque imp. est-elle ancienne? par Léon de
Laborde. *S. d.* = 2 part. en 1 vol. in-4, cart. *Nombreux
fac-simile.*

2368. De l'origine et des débuts de l'imprimerie en Europe,
par Aug. Bernard. *Paris*, 1853, 2 vol. in-8, br.

2369. Débuts de l'imprimerie à Strasbourg, par Léon de Laborde. *Paris*, 1840, in-8, br. *Fig.*

2370. Crapelet. Des progrès de l'imprimerie en France au
xvie siècle. *Paris*, 1836, in-8, br.

2371. Robert Estienne et François Ier, par Crapelet. *Paris*,
1839, in-8, br.

2372. Histoire de l'imprimerie impériale, par Duprat. *Paris*,
I. I., 1861, in-8, br.

2373. Essai sur la typographie, par Didot. *Paris,* 1851, in-8, br., *fig.*

2. *Histoire des bibliothèques, bibliographies générales et spéciales, catalogues.*

2374. Recherche sur les bibliothèques anciennes et modernes et sur les causes qui ont favorisé l'accroissement des livres, par Petit-Radel. *Paris,* 1819, in-8, d.-rel. mar. v.

2375. Ueber Bibliotheks-Wissenschaft, von Molbech. *Leipsig,* 1833, in-8, d.-mar.

2376. Notice historique sur les bibliothèques des Hébreux, par Greppo. *Belley,* 1835, in-8, br. *Rare.*

2377. Essai sur les livres dans l'antiquité et particulièrement chez les Romains, par Géraud. *Paris,* 1840. in-8, br.
Volume fort rare.

2378. Cassiodore, conservateur de livres dans l'antiquité classique, par Olleris. *Paris,* 1841, in-8, br.

2379. Die Alexandrinischen Bibliotheken, unter den ersten Ptolemäern, von Ritschl. *Breslau,* 1838, in-8, br.

2380 L'ancienne bibliothèque de saint Victor, par Mortreuil. *Marseille,* 1854, in-8, br.

2381. Recherches sur l'ancienne bibliothèque de Corbie, par Léopold Delisle. *Paris,* 1860, in-8, br.

2382. Laborde (le comte Léon de). De l'organisation des bibliothèques dans Paris. 1845, 4 lettres. = 4e lettre : le palais de Mazarin et les grandes habitations de villes et de campagne du xviie siècle, avec 408 pages de notes, sur deux colonnes. = Le tout formant 1 vol. gr. in-8, orné d'environ 30 grav, plans et *fac-simile,* rel. en d.-mar. v.
Exemplaire bien complet.

2383. Essai historique sur la bibliothèque du Roi, par Leprince, publié par L. Paris. *Paris,* 1856, in-12, br.

2384. Sur la Bibliothèque impériale, 10 pièces dont 1 manuscrit.

2385. Bibliothèque impériale. = Recueil des brochures de 1848 à 1850, sur les arrangements bibliographiques de la Bibliothèque impériale, par Magnin, Naudet, Paulin Paris, Raoul Rochette, Champollion, le bibliophile Jacob, etc. = 30 pièces en 1 vol. gr. in-8, d.-mar.

2386. Essai sur la conservation des Bibliothèques publiques.

= Des améliorations à apporter aux bibliothèques de province, 2 parties. = etc. 3 pièces, in-8, br.

2387. Rapports sur les bibliothèques des départements de l'Ouest, suivis de pièces inédites, par Félix Ravaisson. *Paris, Joubert,* 1841, in-8, d.-rel. mar. r.

2388. La bibliothèque impériale et les archives de l'empire; réponse par Natalis de Wailly. *Paris,* 1863, in-8, br.

2389. Voyage bibliographique de Bethmann dans le nord de la France, traduit de l'allemand par de Coussemaker. *Paris,* 1849, in-8, br.

2390. Essai sur un nouvel ordre bibliographique pour la bibliothèque impériale de Saint-Pétersbourg, 1809, gr. in-4, cart.

2391. Et. Quatremère. Mémoire sur le goût des livres chez les Orientaux, in-8, br.

2392. Incunabula artis typographicæ in Suecia, auctore Schroeder. *Upsaliæ,* 1842, in-8, br.

2393. Notice sur le Speculum humanæ salvationis, par Marie Guichard. *Paris,* 1840, in-8, br.

2394. Philologische Handbibliothek, von Friedemann. *Leipsig,* 1835, in-12, d.-rel.

2395. Archives historiques contenant une classification chronologique de 17,000 ouvrages pour servir à l'étude de l'histoire, par OEttinger. *Carlsruhe,* 1841, in-8, d.-mar. v.

2396. Bibliographie des mazarinades, par Moreau. *Paris,* 1851, (vol. 3e), in-8, br.

2397. Notice sur le premier ouvrage d'anatomie, imprimé en turc, par Bianchi. *Paris,* 1821, in-8, br.

2398. Notice des ouvrages arabes, persans, français, etc., imprimés à Constantinople, par Reinaud. 1831, in-8, br.

2399. Bibliographie japonaise ou Catalogue des ouvrages relatifs au Japon, par Léon Pagès. *Paris,* 1859, in-4, br.

2400. Bibliothèque malaye, par Jacquet. s. d., in-8, br.

2401. Bibliotheca Coisliniana, olim Seguieriana, studio et opera B. de Montfaucon. *Parisiis,* 1715, in-fol., v.

2402. Catalogue de la bibliothèque orientale de Langlès. *Paris, Merlin,* 1825, in-8, d.-rel.

2403. Bibliotheca Buloviana, 1834, in-8, d.-mar. r.

2404. Bibliotheca Reuvensiana, descripsit Leemans. *Lugd. Bat.,* 1838, in-8, d.-mar.

2405. Bibliothèque impériale. Catalogue de l'Histoire de France. *Paris*, 1855-1863, 8 vol. in-4, br.

2406. Bibliothèque impériale. Catalogue des sciences médicales. *Paris*, *Didot*, 1857. in-4, br.

2407. The library of his excellency sir George Grey. *London*, 1858, 7 parties en 1 vol. in-8, d.-rel, v.

Linguistique africaine et océanienne.

2408. Catalogue des livres de Ph. Lebas. *Paris*, 1860. = Boissonade, 1850. = Fr. Michel, 1858. = 3 vol. in-8.

2409. Description de la collection du comte de Labédoyère, sur la Révolution française. *Paris*, 1862, 1 vol. gr. in-8, br.

2410. Bibliographie. = Opuscules, catalogues, etc., etc. 150 broch. en 9 vol. in-8, d.-mar.

3. *Manuscrits (collection de).*

2411. Didron. Des Manuscrits à miniatures, s. d., in-8, br.

2412. Codices græci mss. reg. Biblioth. Borbonicæ, descripti a Cyrillo (vol. 1). *Neapoli*, 1826, in-4, d.-rel. mar.

2413. Notice sur les manuscrits trouvés à Herculanum, par Boot. *Amst*, 1841, in-8, br.

2414. Epitome di volumi ercolanesi, del cav. Blanco. *Napoli*, 1841, in-8, br.

2415. Saggio della semiografia dei volumi ercolanesi. *Napoli*, 1842, in-8, br.

2416. Sestini. Dissertazione intorno al Virgilio di Aproniano. *Firenze*, 1772. = Bandini. Illustrazione di due Evangeliari greci del secolo XI. *Venegia*, 1787, 2 part. en 1 brochure in-4.

2417. Bibliotheca librorum manuscriptorum italica, congessit Blume. *Gottingæ*, 1834, in-8, br.

2418. I manoscritti Italiani delle R. Biblioth. Parigine, descritti dal dott. Marsand. *Parigi*, 1835-38, 2 vol. in-4, v., plein, fil, tr. dor.

Bel exemplaire.

2419. Les manuscrits français de la bibliothèque du roi, par Paulin-Paris. (vol. VI). *Paris*, in-8, br.

2420. Les manuscrits slaves de la bibliothèque impériale par le P. Martinof. *Paris*, 1858, in-8, br.

2421. Reinaud. Notice sur le catalogue général des manuscrits orientaux de la bibliothèque impériale. *Paris*, 1855, in-8, br.

2422. Catalogue des manuscrits grecs de la bibliothèque de l'Arsenal, par Miller. *Paris, I. N.,* 1848, in-4, br.

2423. Notice des manuscrits de quelques bibliothèques des départements, par Libri. *Paris, I. R.,* 1842, in-4, br.

2424. Catalogue général des manuscrits des bibliothèques publiques des départements. *Paris, I. N.,* 1849-61, 2 vol. in-4, cart.

2425. Catalogue raisonné des manuscrits de la bibliothèque de Cambrai, par Le Glay. *Cambrai,* 1831, in-8, d.-mar., cart., *fac-simile.*

2426. Catalogue des manuscrits de la bibliothèque de la ville de Chartres. *Chartres,* 1840, in-8, br.

2427. Catalogue des manuscrits de la bibliothèque de Laon. *Paris, I. R.,* 1846, in-4. br.

2428. Catalogue des manuscrits des bibliothèques de Saint-Omer, Épinal, Saint-Dié et Schlestadt, *Paris, I. I.,* 1861, in-4, cart.

2429. Notices et extraits des manuscrits médicaux grecs, latins et français d'Angleterre, par Ch. d'Aremberg. *Paris, I. I.,* 1853, in-8, br.

2430. Lettres sur quelques-uns des manuscrits français de la bibliothèque royale de La Haye. *Paris,* 1846, in-8, br.

2431. Catalogus codicum manuscriptorum qui bibliothecæ Lugd. Bat. accesserunt, descripsit Geel. *Lugd. Bat.,* 1852, in-4, br.

2432. Codices in membrana apud Comnenum asservati. *Athenis,* 1857, in-8.

2433. Notice d'un manuscrit turc en caractères Ouigours, par Amédée Jaubert. *Paris,* 1825, in-18, br.

2434. Renan. Lettre sur quelques manuscrits syriaques du musée britannique. 1852, in-8, br.

2435. Catalogue raisonné de manuscrits éthiopiens appartenant à Antoine d'Abbadie. *Paris, I. I.,* 1859, gr. in-4, br.

ENCYCLOPÉDIES ET JOURNAUX.

2436. Li livres dou trésor, par Brunetto Latini, publié par Chabaille. *Paris, I. I.,* 1863, gr. in-4, cart.

2437. Real-Encyclopaedie der classischen Alterthumswissenschaft, von Pauly. *Stuttgart,* 1837, 6 t. en 7 vol. in-8, d.-r. mar. v.

2438. Nouvelle revue encyclopédique, publiée par F. Didot. *Paris*, 1846, 5 part. in-8, br.

2439. Revue africaine, 16 parties en 1 vol. in-8, d.-mar., v. *fig.* et de janv. 1861 à nov. 63, en livr.

2440. Pellissier. Annales algériennes. *Paris*, 1836, 3 vol. in-8, d.-mar. v.

2441. JOURNAL ASIATIQUE. *Paris, B. Duprat*, 1852 à 1863 (oct.) 12 années, en livr.

2442. Journal des savants, années 1832 à 35 et 49, 6 années en livr.

> Il manque quelques numéros.

2443. JOURNAL DES SAVANTS. *Paris, I. R.* 1817-1863, 47 volumes in-4, carton. et rel., plus janvier et février 1864.

> Belle collection.

2444. La Patrie, 1848-49-50, 5 vol. in-fol., d.-rel.

2445. Recueil de feuilles séparées des journaux le Courrier Grec, le Nouvelliste, le Journal des Débats, 1835 à 1838, dans lesquels M. Hase paraît avoir écrit, et où se trouvent des articles signés H. = Gr. in-fol., cart.

2446. L'Univers illustré. *Paris,* 1858-59-60, 3 années en 1 vol. gr. in-fol., d.-rel. mar.

ARTICLE OMIS.

2446 *bis.* HENRICI STEPHANI THESAURUS GRÆCÆ LINGUÆ. Post editionem anglicam novis additamentis auctum, ordinecque alphabetico digestum, tertio ediderunt C. B. HASE, G. et Lud. Dindorf, Theobaldus Fix et Lud. de Sinner. *Parisiis, excudebat Ambr.-F. Didot,* 1831-64, 65 livraisons formant 6 vol. in-fol. en demi-rel. et les tomes 1 et 8 en livr.

> Exemplaire complet.

MANUSCRITS.

A. MANUSCRITS DE LA MAIN DE M. HASE ET MANUSCRITS GRECS.

2447. Mémoire sur l'histoire byzantine, manuscrit in-4 du xvii⁰ siècle, 48 pages in-4.

2448. Journal de M. Trézel, pendant l'expédition scientifique de Morée, in-4, cart.
>Manuscrit autographe.

2449. Manuscrit. Prononciation grecque. 35 pages in-fol., de la main de M. Hase.

2450. Manuscrits. Journaux de voyage en Italie, au Havre, etc. 2 albums in-8 obl. et in-12, dessins à la plume.
>De la main de M. Hase.

2451. Manuscrits de la main de M. Hase. Préfaces, copies, travaux philologiques, etc., etc, comprenant l'ouvrage de Lydus, de Ostentis. 500 ff. in-fol.

2452. Manuscrit de la main de M. Hase. Dictionnaire grec, environ 5,000 feuillets en grec.

2453. Grammaire grecque, par demandes et par réponses, in-8, rel.
>Ce manuscrit a été écrit par Nicolas de Dinutziana, pour lui-même.

2454. Traité de logique, d'après Aristote, in-4, rel.
>Manuscrit sur papier, daté de 1727.

2455. LIVRE ASTROLOGIQUE. Calendrier, pronostics, recettes, sortiléges, moyens pour découvrir les trésors cachés, etc., in-4, rel.
>Manuscrit sur papier de 76 ff. (le 1ᵉʳ manque).
>Dans un avis au lecteur (fol. 55), l'auteur avertit que le présent livre est très-rare parmi les chrétiens, qu'il renferme une méthode empruntée aux plus sages des Babyloniens et des Perses.

2456. Paraphrase interlinéaire de divers discours de saint Basile et de saint Grégoire de Nazianze, in-4, rel.
>Manuscrit d'une tres-jolie écriture grecque du siècle dernier.

2457. Exégèse. Explication en grec moderne des divers discours d'Isocrate, de Démosthènes, de Synésius et des premiers chants de l'Iliade.

> Manuscrit in-4, de la même main que le précédent.

2458. Paraphrase, en grec moderne, de la liturgie des principales fêtes, du discours de saint Basile sur l'utilité que l'on peut retirer de la lecture des écrivains profanes, du discours à Césaire, etc.

> Manuscrit in-4, de la même main que les deux précédents. Ces trois manuscrits font connaître la manière d'étudier le grec littéraire en Grèce dans le siècle dernier.

2459. MARTYRICON. Vie des saints. = Sainte Euprania, écrite par Appollianos (fol. 80). = Prochore (l'un des sept diacres, disciple de saint Jean, le théologue), sur les miracles, la prédication, l'évangile, la mort de saint Jean (fol. 179). = Sur Myron (fol. 245). = Saint Alexis (fol. 249). = Saint Xénophon (fol. 258). = Saint Jean Calybite (fol. 281). = Saint Philarète, l'aumonier (fol. 301). = Saint Charalampus (f. 339). = Saint Théophile, l'économe (fol. 348).

> Manuscrit petit in-8, de 380 ff. (il manque les 33 premiers), d'une très-jolie écriture. On trouve, au folio 135, le nom du calligraphe et la date de 1630.

2460. MENAEUM, commençant au mois de Décembre. = 2 parties reliées en 1 vol. petit in-4, de près de 900 pages, sur papier.

> Manuscrit écrit en 1549, par Cyrille de Napacte, suivant une souscription à la fin du volume. Ce manuscrit a appartenu à la bibliothèque de Sainte-Sophie, à Constantinople. Sur le 1er f., on lit la signature de Néophytos, patriarche.

2461. EXTRAITS des pères de l'Église et de quelques écrivains byzantins, de Michel Psellus, etc., sur des sujets de piété, de philosophie et de science, gros in-4, rel.

> Manuscrit du XVe siècle, sur papier, avec titre rouge. L'ordre des cahiers a été interverti par le relieur. Il paraît y avoir quelques lacunes. Il faudrait le collationner avec les éditions des saints Pères, pour s'assurer qu'il n'y a pas quelque chose d'inédit.

2462. Tablette en bois de sycomore, avec inscriptions grecques tracées à l'encre des deux côtés, pour étiquettes d'une caisse de momie.

> Un des côtés avait été enduit de couleur blanche. L'écriture du revers est tracée sur le bois brut en caractères plus grossiers. Elle reproduit en partie l'inscription du recto.
> Celle-ci peut se traduire ainsi : *Des habitants de Nesonthis. Pkefi,*

ouvrier en cuivre , fils de Tnaphéro d'Hermonthis. — La fille de Senplinis.

B. MANUSCRITS ARABES.

2463. Traditions sur Mahomet, in-8...   — 10 —

> Joli manuscrit arabe avec le plan du tombeau du Prophète. Trouvé à Constantine, en 1837, il fut offert à M. Hase, par les officiers.

2464. Traité de la lecture du Coran, par Ahmed, fils de — 8 — /*o Thabit. = Commentaire sur le poëme Addorah-el-Moudhyah, la Perle brillante. = 2 parties en 1 vol. in-4, reliure orientale.

> Beau manuscrit en caractères africains. La 1re partie est datée de 1711, et la 2e de 1838.

2465. Traité de morale, en 69 chapitres, par le cheick — 20 — Abou'lhaçan. = Solwan-al-Motha, consolation du souverain, mêlé de fables et récits, par Ibn-Zhafer. = Traité de morale, par l'Iman Abou-ben-Mohammed-Alhadhramy. = Minhâdjy-Alabidyn. La voie des hommes pieux, par Abbou-Hamad-Afhgazzaly. = 4 parties en 1 vol. in-4, rel. orientale.

> Beau manuscrit arabe, en caractères africains, entièrement inédit; des quatre parties qui le composent, la 2e seule a été traduite en italien, par Amari, et sur l'italien en anglais.

CHARTES.

2466. Recueil de 75 chartes sur parchemin, contenant les — 200 — priviléges des divers monastères de la Grèce, dans les XVIIe et XVIIIe siècles.

> Collection unique.
>
> A ces chartes sont jointes des lettres d'envoi des divers monastères au patriarche Grégoire, en 1797-98, et l'état des biens de ces divers monastères.

SUPPLÉMENT.

2467. Le Monde illustré, du 18 avril 1857 au 9 avril 1864. 7 années complètes.

2468. L'Univers illustré, de 1858 à 63.

2469. La Revue des deux Mondes, années 1857 à 1863 complètes, et les années 1856-58 et 62 incomplètes.

2470. Journal scientifique le *Cosmos*, de 1858 à 63.

2471. Annales de chimie et de physique, de 1816 à 1851, complet et relié, en 37 vol. in-8.

FIN.

PARIS. — IMPRIMERIE DE J. CLAYE, RUE SAINT-BENOIT, 7.

2472. Dictionnaire des sciences médicales, publié par Panckouke, 60 tomes en 38 vol., in-8, rel.

2473. Journal complémentaire du Dictionnaire des sciences médicales, 24 tomes, rel., en 8 vol.

2474. Flore médicale décrite par Chaumeton, peinte par Émilie Panckouke et Turpin. *Paris*, 1833, 8 vol. in-8, d.-rel., 349 planches coloriées. ·

2475. Anatomie de l'homme par Jules Cloquet, 5 vol. gr. in-fol., *figures,* riche reliure.

2476. Dictionnaire des découvertes de 1789 à 1820. *Paris, L. Colas,* 17 tomes en 8 vol. in-8, reliés.

2477. Histoire naturelle de Buffon et de Lacépède, 74 tomes en 37 vol. in-18.

2478. Œuvres de Rabelais, 5 vol. pet. in-8, rel.

2479. Meursii Elegantiæ latini sermonis. *Lugd. Bat. Ex typis Elzevirianis,* in-12, rel.

2480. Erotopœgnion, sive Priapeia veterum et recentiorum, edente Noel, 1798, pet. in-8, br.

2481. Alph. Karr. Les Guêpes, 18 vol. in-18, rel.

2482. Annales archéologiques de Didron.
    Les 8 premiers volumes en livraisons.

2483. Manuels Roret, 200 vol. in-18, br.

TABLE DES DIVISIONS.

www.ingramcontent.com/pod-product-compliance
Lightning Source LLC
Chambersburg PA
CBHW052057090426
42739CB00010B/2219